Niccolò Machiavelli, Philosoph, Staatsmann, Dichter und eine der umstrittensten Gestalten der europäischen Kulturgeschichte, nahm sein Leben lang begierigen Anteil am Alltagsleben seiner Vaterstadt, an den kulturellen Strömungen, den Festen, am politischen Streit, der auf der Piazza, und den Komplotten, die in den Privathäusern und auf den Landgütern der Umgebung angezettelt wurden. In der Idylle seines in der Nähe von Florenz gelegenen Landsitzes, wohin Machiavelli zeitweise in die Verbannung gehen mußte, sind einige der schönsten seiner Briefe entstanden. Keine der damals üblichen rhetorischen Selbstdarstellungen, sondern – und darin ganz modern – intime Mitteilungen, politische Kommentare und Zeugnisse der strategischen Verstellung einer öffentlichkeitshungrigen Persönlichkeit. Friederike Hausmann hat einige dieser Briefe ausgewählt, zum Teil neu übersetzt und mit ausführlichen, inhaltsreichen Kommentaren versehen. So erschließt sich dem Leser über die Person Machiavellis hinaus ein facettenreiches Bild des politischen und gesellschaftlichen Lebens um die Wende des 15. zum 16. Jahrhundert.

Friederike Hausmann, geboren 1945, studierte in Berlin Geschichte und Altphilologie. Die promovierte Historikerin arbeitete als Lehrerin, hielt sich mehrere Jahre in Italien auf und lebt heute als Übersetzerin und freie Autorin in München. Veröffentlichungen: ›Garibaldi. Die Geschichte eines Abenteurers, der Italien zur Einheit verhalf‹ (1987); ›Kleine Geschichte Italiens von 1943 bis heute‹ (1997); ›Die deutschen Anarchisten von Chicago oder Warum Amerika den 1. Mai nicht kennt‹ (1998).

Friederike Hausmann

Machiavelli und Florenz

Eine Welt in Briefen

Mit zahlreichen Abbildungen

Deutscher Taschenbuch Verlag

April 2001
Deutscher Taschenbuch Verlag GmbH & Co. KG,
München
www.dtv.de
© 1987 Verlag Klaus Wagenbach, Berlin
Titel der Originalausgabe: ›Zwischen Landgut und Piazza.
Der Alltag von Florenz in Machiavellis Briefen‹.
Umschlagkonzept: Balk & Brumshagen
Umschlagbild: Ausschnitt aus dem Gemälde ›Das Fest der Omaggi‹,
unbekannter Künstler, Uffizien, Florenz (© Scala)
Gesetzt aus der Borgis Walbaum Roman (Linotype)
Gesamtherstellung: C. H. Beck'sche Buchdruckerei,
Nördlingen
Gedruckt auf säurefreiem, chlorfrei gebleichtem Papier
Printed in Germany · ISBN 3-423-30799-4

Inhalt

Machiavellis Briefe – hochgelobt und doch gemieden 7

Offene und verschlüsselte Briefe 9

Florenz – Familienkrach und Weltpolitik 15
  prima ratio – revolutio 15
  Die Rückkehr der Medici 1512 29
  Labiles Gleichgewicht 40

Die Spielregeln: Korruption als System 47
  Die florentinische Verfassung – ein Vexierspiegel 47
  Das mühsame Geschäft der Korruption 54

Eine zerbrechliche Idylle 71
  Die villa – Gutshof und Sommerresidenz 71
  Der Humanist auf dem Lande – bucolica toscana 80

»Was mir geblieben ist, sind Freunde und Verwandte« 91
  Familie und Klientel 91
  Wahre und mächtige Freunde 103
  Das gute Leben 119

Die Liebe zu den Frauen und die Liebe zu Florenz 131
  Erlauchte Frauen und schöne Kinder 131
  Ein vergebliches letztes Mal 143

Editorische Nachbemerkung 148
Anmerkungen und bibliographische Hinweise 149
Zeittafel 153

SANTI DI TITO
Niccolò Machiavelli (1469–1527)

Machiavellis Briefe – hochgelobt und doch gemieden

Das Florenz des ausgehenden fünfzehnten Jahrhunderts gilt gewöhnlich bloß als das ›Florenz der Medici‹, unter deren Einfluß die Stadt eine künstlerische und kulturelle Hochblüte ohnegleichen erlebte. Voltaire nannte diese Zeit eine der glücklichen Perioden der Menschheit und stellte sie als Beispiel für die Nachwelt neben die des Perikles, des Augustus und Ludwigs XIV.[1] Machiavelli, der sich wenig aus der Schönheit von Gemälden und Skulpturen machte, hat ein ganz anderes Bild dieser Jahrzehnte entworfen. Er sah die Zeichen von Krise und Verfall und in den Medici nur eine unter vielen skrupellosen Machtcliquen. Sein illusionsfreier Blick und die unerbittliche Strenge seiner Gedankenführung haben ihn als wichtigsten politischen Denker dieser Epoche berühmt gemacht, ihn aber auch dem schier unausrottbaren Vorwurf des ›Machiavellismus‹ ausgesetzt.

Hinter dem kontroversen Interesse für seine politische Theorie ist das Interesse für Machiavelli als Person weitgehend zurückgetreten. Dabei hat er in einer großen Zahl von privaten Briefen der Nachwelt einen einzigartigen Einblick in sein persönliches Leben und den Alltag seiner Zeit ermöglicht.

Diese Briefe haben ein merkwürdiges Schicksal erfahren. Über ihren außerordentlichen Wert als literarisches und sprachliches Dokument besteht unter Bewunderern und Kritikern Machiavellis Einmütigkeit. Die bis 1961 maßgebliche kritische Ausgabe des Briefwechsels von Alvisi aus dem Jahre 1883 zirkulierte mit einer Fülle schamhafter Lücken. Die vollständigste deutsche Übersetzung stammt aus dem Jahre 1826 und die meisten Werkausgaben geben nur eine Auswahl der Briefe, viele davon gekürzt. Die ausführlichsten, älteren Biographien gehen gerade auf die ganz privaten Äußerungen Machiavellis kaum ein, die neueren behandeln sie allzu zartfühlend als intimste Bekenntnisse. Der Grund für dieses seltsame Gebaren ist bei näherem Hinsehen fast entschuldbar. Gerade für diejenigen, die Machiavelli als politischen Denker gegen den Vorwurf des Machiavellismus verteidigen wollen, kommt der leibhaftige Mann, der uns aus den Briefen entgegentritt, recht ungelegen. Er ist zwar keineswegs ein kaltschnäuziger Ellenbogenmensch, ein Machiavellist im gängigen Sinn des Wortes. Deshalb kommen die Briefe auch Machiavellis Kritikern nicht zupaß. Aber er ist eben auch kein unbestechlicher Beamter, der der Sache seiner Republik mit Leib und Seele ergeben ist, und auch in seinem Privatleben Ernst und Würde an die erste Stelle setzt. In der Darstellung seiner Liebesabenteuer manchmal die Grenze des Obszönen überschreitend, engen Vertrauten gegenüber zuweilen undankbar und herzlos, im Umgang mit den Mächtigen taktierend und kriecherisch, aber auch voller freundschaftlicher Wärme, selbstlos und stolz, entzieht sich der Mensch Machiavelli immer wieder jedem Zugriff. Es sind viel mehr als bloß »zwei Wesen, die auf beinahe unmöglich scheinende Weise miteinander vereint sind«.[2] Mit diesen Worten, die ihm manchmal als eine Art Selbstporträt ausgelegt werden, hat Machiavelli Lorenzo den Prächtigen charakterisiert.

Die verschiedenen Facetten eines solches Charakters fügen sich nur zusammen, wenn man die Bedingungen seines alltäglichen Lebens zu verstehen versucht. Dabei gilt es, der Versuchung zu entgehen – die Machiavelli übrigens immer wieder selbst provoziert –, nur die ›große Politik‹ seiner Zeit zu betrachten, die sich überstürzenden Ereignisse der großen europäischen Auseinandersetzung zwischen Habsburg und Frankreich, deren wichtigster Schauplatz Italien war. Es sind vielmehr die beiläufigen Bemerkungen, die Abschweifungen und die ganz unpolitischen Briefe, die Hinweise geben auf die Schwierigkeiten eines Alltags, der manchmal ganz zeitlos und unberührt erscheint, manchmal unmittelbar, meist aber wie zeitversetzt von den politischen Ereignissen erschüttert wurde. Aus diesen Verwerfungen wird ein Mensch wie Machiavelli verstehbar, und seine Briefe sind eine Art Ariadnefaden durch die Höhen und Tiefen dieses Alltags.

Offene und verschlüsselte Briefe

Machiavellis Briefe waren nicht zur Veröffentlichung bestimmt. Etwa die Hälfte der Korrespondenz stammt aus der Zeit nach 1512, also nachdem Machiavelli durch die Rückkehr der Medici seines Amtes enthoben wurde. Die Briefe richten sich an verschiedene Personen, deren Schreiben wiederum teilweise erhalten sind. Die meisten der Korrespondenten, die an Bildung Machiavelli ebenbürtig, deren gesellschaftliche und materielle Stellung oft der Machiavellis überlegen war, übten ähnliche politische Funktionen aus, wie er sie selbst innegehabt hatte und immer wieder erhoffte. Nur wenige Briefe richten sich an Verwandte, nur ein einziger an eine Frau. Im Mittelpunkt des Briefwechsels stehen zwei Freunde und ›Kollegen‹ Machiavellis: Francesco Vettori und Francesco Guicciardini. Weil beide nicht wie Machiavelli selbst von den Medici kaltgestellt worden waren, sondern weiterhin hohe politische Funktionen ausübten, wurden sie seine wichtigsten Vertrauten und Informanten, die noch unmittelbaren Zugang zu den Zentren der Macht hatten. Der Briefwechsel ermöglicht einen Einblick in diese Machtzentren aus einer durchaus ungewöhnlichen Perspektive, aus der Sicht eines Unbeteiligten, der aber dennoch leidenschaftlich Anteil nimmt.

Die Tatsache, daß die Briefe Machiavellis an seine Freunde nicht mit Blick auf eine Veröffentlichung geschrieben sind, bzw. dafür überarbeitet wurden, hat für uns den den großen Nachteil, daß manche Anspielung nicht zu entschlüsseln ist, daß Antwortschreiben fehlen, daß einige Briefe nur als Abschrift vorhanden und deshalb ohne Adressat und Datum sind. Dafür aber sind diese Briefe ganz frei von jenen Geschraubtheiten und gelehrsamen Ergüssen der Briefliteratur der Humanisten, die nach dem Beispiel der Antike auch ganz belanglose Briefe sammelten, überarbeiteten und z. T. sogar die Datierung änderten, um sie dann selbst als Teil ihrer Werke herauszugeben. In diesen lateinisch geschriebenen Briefen waren persönliche Mitteilungen und Hinweise auf Tagesereignisse nur Stilmittel, schmückendes Beiwerk für »Übungen in der Eloquenz nach ciceronianischem Vorbild«.[3]

Machiavellis Briefe dagegen sind in der toskanischen Umgangssprache, dem *volgare*, geschrieben. Erst seit Erscheinen von Pietro Aretinos ›Lettere‹ 1538, die sofort zu einem Bestseller wurden, entwickelte sich auch diese Form der persönlichen Briefe zu einer literarischen Gattung, die in Italien besonders gepflegt, ja geradezu eine Mode wurde. Schon 1580 behauptete Montaigne, er habe mindestens einhundert Bände italienischer Briefliteratur in seinen Regalen stehen, und auch das war vermutlich nur ein Bruchteil der tatsächlichen Veröffentlichungen. Auch von dieser schon zur Kunstform stilisierten Spontaneität des sechzehnten Jahrhunderts sind Machiavellis Briefe noch weit entfernt. Dennoch sind sie mehr als kunstlose Mitteilungen, die für uns lediglich als Informationsquelle interessant sind.

Das liegt z. T. an Machiavellis besonderer Lust am Formulieren, an der Schärfe und Klarheit seines Denkens und seines Stils, die sich auch in den banalsten Äußerungen niederschlagen. Es liegt aber auch an der Funktion des Briefes im täglichen Leben. Eigentlich war ein Brief etwas keineswegs Alltägliches. Es war immer ein Ereignis, ein kleines Fest, wenn ein Brief eintraf. Um einen so umfangreichen Briefwechsel wie Machiavelli zu unterhalten, war mehr nötig als lediglich Papier, Tinte und zwei Menschen, die sich über die Ferne etwas mitzuteilen hatten. Das eigentliche Problem war die Übermittlung. Offizielle Stellen, die großen Handels- und Bankhäuser hatten ihre ständigen Kuriere, aber Privatbriefe mußte man noch jemand mitgeben, der ohnehin eine Reise unternahm. Zu einer Zeit, in der das Reisen als Selbstzweck völlig unüblich war, wo man nur aus geschäftlichen Gründen oder zu Pilgerfahrten verreiste, war es nicht immer leicht, eine geeignete Person zu finden. Um einen Brief sicher ans Ziel gelangen zu lassen, war man auf die freundliche Gefälligkeit und Vertrauenswürdigkeit anderer angewiesen. Auf diese Weise waren die Briefe oft lange unterwegs, manchmal schickte man mehrere auf einmal, weil vorher kein geeigneter Überbringer zu finden war, ganz abgesehen davon, daß Reisen ohnehin langwierig und beschwerlich war. Selbst mit reitenden Kurieren, die häufig die Pferde wechselten und nur bei ganz wichtigen politischen oder militärischen Ereignissen anstelle der Läufer eingesetzt wurden, brauchten Nachrichten eben die Zeit des gemessenen Trabes und das sind höchstens ca. zwanzig Kilometer in der Stunde, zusätzlich Ruhepausen usw. Ein solches wichtiges Ereignis war z. B. die Wahl des Medici-Papstes Leo X. 1512. Die Nachricht davon erreichte Florenz innerhalb von zehn Stunden, und das war eine zusätzliche Sensation.

So etwas wie ein Briefgeheimnis war schon allein durch die materiellen Bedingungen der Briefübermittlung ganz undenkbar. Wenn man wirklich etwas Vertrauliches sagen wollte, dann wurde auch in privaten Briefen eine Chiffrierung gebraucht, der sogenannte *pappafico*, nach einer Stoffmaske, die man gegen Kälte und Wind trug. War dies nicht möglich, weil z. B. keine Chiffrierung vereinbart war, so wurden Bilder und Anspielungen gebraucht. Unter in der antiken Mythologie bewanderten Männern wie Machiavelli und seinen Freunden wurde dies über den eigentlichen Zweck der Chiffrierung hinaus, zu einem beliebten Spiel, mit dem sich vor allem Gefühle verstecken ließen.[4]

Ein Brief war aber auch einfach etwas viel zu Wichtiges und Wertvolles, um ein Geheimnis daraus zu machen. Als einziges Informationsmedium neben mündlichen Nachrichten wurden die Briefe ganz selbstverständlich anderen zugänglich gemacht. Briefe anderen Personen je nach Gutdünken vorzulesen oder Abschriften zu machen und weiterzuschicken, war keine Verletzung des Briefgeheimnisses, sondern zeigte nur, wie wichtig man den Brief und den Briefschreiber nahm. Umgekehrt machte ein Brief mit wichtigen Informationen auch den Empfänger interessant, dem deshalb daran gelegen sein mußte, den Brief alsbald bekannt zu machen. Solange Machiavelli in Amt und Würden war, konnte er von seinen diplomatischen Missionen eine Menge solcher wichtiger Informationen liefern. Mit geradezu kindlichem Stolz berichtete seine ›rechte Hand‹, Biagio Buonaccorsi, wenn er Machiavellis Briefe wichtigen Leuten in der Stadt vorgelesen und damit Aufmerksamkeit und Anerkennung erregt hatte (B. Buonaccorsi an M., 18. Okt. 1502).

Der größte Teil seiner Korrespondenz fällt jedoch, wie erwähnt, in die Zeit der erzwungenen ›Arbeitslosigkeit‹ nach 1512, als Machiavellis Briefe keine Informationen aus erster Hand mehr liefern konnten. Um so mehr war er, wollte er auf dem Laufenden bleiben, darauf angewiesen, diese Neuigkeiten durch eine umfassende Korrespondenz von anderen zu bekommen. Nicht umsonst klagte er, er stehe ganz außerhalb »der Geheimnisse der Macht« (an F. Vettori, 20. Juni 1513). Gerade deshalb beschäftigt sich eine große Zahl der Briefe aus dieser Zeit immer noch ausführlich mit den politischen Tagesereignissen, und es wäre falsch, sie nur als eine Art Materialsammlung oder Stilübung für die politische Theorie zu sehen. Die Informationen mußte Machiavelli jetzt von anderen erhalten, denen aber lieferte er als Gegenleistung Kommentar und Analyse.

Darin bestand seine besondere Fähigkeit und seine engsten Brieffreunde Guicciardini und Vettori ermunterten ihn dazu, in nicht ganz uneigennütziger Weise. Gerade von diesen Briefen wünschte Machiavelli ausdrücklich, daß sie weitergereicht und, wenn möglich, einflußreichen Persönlichkeiten zu Gehör gebracht wurden. Sie hatten also eher die Funktion des politischen Journalismus, als die einer reinen Privatkorrespondenz und müssen auch unter diesem Blickwinkel gelesen werden. Mehr als Journal denn als Brief waren auch andere Schreiben gedacht, die sich nicht mit Politik beschäftigten. Immer wieder wird Machiavelli von seinen Briefpartnern bestätigt, wie seine Briefe die Runde machen unter Leuten, die sich gewiß nicht für Machiavellis politischen Weitblick interessierten. Was hier als ›heiße Ware‹ gehandelt wurde, waren Machiavellis spitze Bemerkungen über bestimmte Leute, seine Witze und Anekdoten, die er über sich und andere zum besten gab. Auch darin war er ein Meister und viele seiner Briefe haben fast die Form kleiner Novellen.

Machiavellis Briefe waren also, obwohl nicht zur Veröffentlichung gedacht, doch in gewisser Weise eher Literatur denn vertrauter Brief in einem modernen Sinn. Wenn es überhaupt Briefe dieser Art in Machiavellis Korrespondenz gibt, dann die wenigen Briefe an engste Verwandte. In allen anderen Fällen wandte er sich mehr oder weniger gezielt an ein ›Publikum‹, das sich allerdings je nach Briefinhalt und Empfänger änderte. Machiavelli stellte Sprache und Stil seiner Briefe jeweils ganz darauf ein, er führte die Ausdrucksfähigkeit des *volgare* von der deftigsten Umgangssprache bis hin zur kristallenen Klarheit und gestochenen Schärfe der politischen Analyse in allen Registern vor, und fast alle Briefe sind thematisch und stilistisch als Einheit gestaltet. Die Erkenntnis, daß sie eher für ein Publikum, denn für die eigentlichen Empfänger geschrieben wurden, legt es nahe, diese Korrespondenz doch wieder in die italienische Tradition der Briefliteratur als reines Kunstprodukt einzureihen. Der Mensch Machiavelli, den die Briefe zunächst ganz spontan und unverstellt zu offenbaren versprechen, scheint wieder zu entschlüpfen.

Es bleibt aber ein wesentlicher Unterschied, der den besonderen Reiz dieser Zeugnisse ausmacht. Das ›Publikum‹, an das sich Machiavelli wandte, war ja kein anonymes Leserpublikum, sondern ein jeweils beschränkter Kreis von Personen, die wir teilweise mit Namen und Adresse identifizieren können. Es ist, als ob in einer Gruppe von Florentiner Bürgern, wie sie etwa auf

Francesco Guicciardini

den Fresken Ghirlandaios zu sehen sind, plötzlich einer zu sprechen anfängt. Unter diesen ernsten Männern mit ihren glattrasierten Gesichtern und langen schmucklosen Gewändern beginnt »Machia«, wie ihn seine Freunde nennen, eine Anekdote zu erzählen. Die Augen, die aus den Gesichtern so lebhaft herausstechen und gar nicht zu der äußeren Würde passen, werden sich gleich zu einem boshaften Lachen zusammenzwicken. Wir können zuhören und erfahren, worüber diese Männer diskutieren, worüber sie sich einig sind und worüber sie Witze reißen. Aber wir werden auch bald merken, worüber ›man‹ nicht spricht, welche Themen unangenehm oder tabu sind.

Die Briefe sich als Ausschnitte aus Gesprächen vorzustellen, ist nicht nur ein willkommenes Bild, sondern entsprach in mehrfacher Hinsicht der Realität. Schon in den Briefen der Humanisten wurde ein Briefwechsel gern als *suavissima conversatio* und *dulcia colloquia* bezeichnet.[5] Waren das auch vielleicht eher stereotype Wendungen, so konnten doch die Briefe in der Wirklichkeit Anlaß und Gegenstand für einen ganzen Reigen von Gesprächen sein. Schon allein aus der Tatsache, daß der Brief meist durch einen Freund oder Verwandten persönlich überbracht wurde, ergab sich der Anlaß zu einem Gespräch. In vielen Fällen nahm der Schreibende Bezug auf den Überbringer und gab damit sozusagen das Stichwort für das Gespräch. Der Mangel an trivialen Nachrichten wie z. B. über Gesundheitszustand und familiäre Ereignisse ist zumindest teilweise damit zu erklären, daß derartige Informationen von den Überbringern mündlich geliefert wurden, ja gewissermaßen ihr Vorrecht oder ihre besondere Aufgabe waren. So erhaschen wir manchmal nur einen Gesprächsfetzen. In anderen Fällen aber bereitet der Brief das Gespräch vor, so daß wir es unschwer rekonstruieren können. Vor allem dann, wenn die Briefe wichtigen Persönlichkeiten zur Kenntnis gebracht werden sollten, wurden die Briefe immer vorgelesen, und Machiavelli gibt manchmal detaillierte Anweisungen, wie ein solches Gespräch zu führen sei, in das sein Brief eingeflochten werden könnte. In anderen Fällen sind es vielleicht nur Sprache und Stil des Briefes, die vermuten lassen, daß er wohl mehr eine Anekdote zum Weitererzählen denn ein freundschaftliches Geheimnis sein sollte.

In Machiavellis Briefen sind also sein persönliches Gesicht und sein gesellschaftliches Bild, wie er es gesehen haben wollte, auf komplizierte Weise miteinander verwoben. Beides voneinander trennen zu wollen, wäre der völlig verfehlte Versuch, eine Form von Individualität herstellen zu wollen, die Machiavelli und seiner Zeit gänzlich fremd war. »Dinge, die vom Standpunkt späterer Zeiten aus unvereinbar scheinen, rhetorische Figuren und echte Gefühle, antike Reminiszensen und Frische, Ernst und Spiel, Demonstrationen von Erudition und souveränes Denken, Publizität und Intimität«[6] waren in den Briefen und ebenso im Leben Machiavellis untrennbar miteinander verknüpft. Diese Form eines ›öffentlichen Privatlebens‹ war nicht zuletzt eine Triebkraft für die Lebendigkeit und Faszination dieser Zeit, und sie war das wesentliche Element jener bewegenden Liebe zur Heimatstadt, die als Grundtenor alle Briefe Machiavellis und seiner Freunde durchzieht.

Schwindet so die Gewißheit, Machiavelli persönlich kennenzulernen, so wächst der Genuß, Machia im Kreis seiner Freunde zu erleben. Und Genuß zu bereiten, war eines der vordringlichsten Anliegen seiner Briefe.

Florenz – Familienkrach und Weltpolitik

Prima ratio: revolutio

Die achtundfünfzig Lebensjahre Machiavellis umspannen einen Zeitraum, in dem seine Heimatstadt Florenz von der Höhe politisch-kulturellen Glanzes abstürzte und am Ende nur noch als Schatten ihrer selbst überlebte. Gleichzeitig brach das italienische Staatensystem zusammen, das durch die geschickte Hand Lorenzos des Prächtigen bis zu dessen Tode 1492 noch mühsam im Gleichgewicht hatte gehalten werden können. Die Halbinsel wurde für Jahrhunderte zur Bedeutungslosigkeit verdammtes Ausbeutungsobjekt der ›Barbaren‹.

Jeder, der sich der Geschichte von Florenz in diesen Jahren nähert, wird irgendwann verwirrt und erschöpft innehalten. Die Ereignisse überstürzen sich, Interessengruppierungen und Verträge scheinen nur zustandezukommen, um durch Verrat oder Feigheit sofort wieder aus den Angeln gehoben zu werden, Abenteurer und Günstlinge des Augenblicks spielen keine geringere Rolle als Könige, Kaiser und Päpste. Alles erweckt den Eindruck eines rasenden, sinnlosen Karussells, und alle gängigen Erklärungsmuster wie soziale Auseinandersetzungen, langfristige kulturell-politische Bindungen und Konflikte scheinen zu versagen.

In den Jahren, die vom Einmarsch des französischen Königs Karl VIII. im Jahre 1494 in Italien bis zum Vertrag von Cateau-Cambrésis 1559 reichen, war Italien Hauptschauplatz von Auseinandersetzungen, deren Dimension weit über die Halbinsel und den Augenblick hinausreichen. Die Heere Spaniens und Frankreichs standen in ständig wechselnden Bündnissen mit den fünf ›großen Staaten‹, die das politische Leben der Halbinsel prägten: dem Königreich Neapel, das schon 1504 an Spanien fiel, dem Kirchenstaat, den Republiken von Florenz und Venedig und dem Herzogtum Mailand. Zusätzliche Verwirrung schufen eine Reihe kleinerer und kleinster Gebilde, deren z. T. tollkühne Aktionen als Zünglein an der Waage unerwartete Wendungen brachten, sie für die kurze Dauer eines historischen Augenblicks ins Rampenlicht der europäischen Geschichte erhoben, bevor sie wieder im Dunkel versanken. Das Eingreifen fremder Heere in die dauernden Konflikte zwischen den italienischen Staaten war nichts Neues und viel mehr eine Art konstitutives Element des Gleichgewichts seit den Tagen Karls des Großen.

In den Jahrzehnten um die Wende vom fünfzehnten zum sechzehnten Jahrhundert ging es jedoch um mehr. Wie kaum eine andere Epoche der europäischen Geschichte kündigte die ›Zeitenwende‹ tiefgreifende Veränderungen im gesellschaftlichen und politischen Leben an. In den Schlachten zwischen kaiserlich-spanischen und französischen Heeren ging es um den Bestand des habsburgischen Weltreichs und die Herausbildung des französischen Nationalstaates. Jede Schwäche des Kaisers war ein Sieg der partikularen Interessen der deutschen Reichsfürsten, und Kaiser und Papst standen mehr oder weniger hilflos der fortschreitenden Spaltung der katholischen Christenheit gegenüber, an deren Toren gleichzeitig die ›Ungläubigen‹ des osmanischen Reiches mit gewaltigen Heeren aufmarschierten. Von Ferne drangen Nachrichten von neuen, sagenhaft reichen Kontinenten nach Europa, die von italienischen, spanischen und portugiesischen Seefahrern entdeckt wurden. Die Schlachten der in spanisch-kaiserlichen, französischen und italienischen Diensten kämpfenden Söldnerheere waren, wenn sie nach langem Taktieren zustandekamen, von bis dahin ungekanntem Schrecken durch die zunehmende Verwendung schwerer Artillerie. So soll es bei der Schlacht von Ravenna, die als eine der ersten ›modernen‹ Schlachten der Weltgeschichte gilt, im Jahre 1512 allein auf der Seite der unterlegenen Truppen der Spanier und des Papstes 12 000 Tote gegeben haben. Und nicht minder grausam waren die Schrecken der Niederlage für die Zivilbevölkerung. Der *sacco di Roma*, 1527, die drei Tage und drei Nächte dauernden Greuel einer wildgewordenen Soldateska, ist bis heute ein Synonym für das Elend des Krieges im vorindustriellen Zeitalter. Die italienischen Staaten wurden von der Geißel fremder Heere und ihren Verwüstungen blutig betroffen, sie waren mitschuldig, weil sie gegeneinander mit den Fremden gemeinsame Sache zu machen versuchten, aber doch auch wieder nicht, denn *ihre* Probleme lagen ganz woanders.

In Florenz, das sich schon durch seine geographische Lage keiner Auseinandersetzung auf italienischem Boden entziehen konnte, war man sich der Dramatik des historischen Augenblicks auf eine eigentümliche hilflos-verträumte Weise bewußt. Eine ›Kreuzigung‹ Sandro Botticellis um das Jahr 1500 bringt dies zum Ausdruck.[7] Das Kruzifix teilt das Bild in zwei Hälften, deren rechte zeigt, wie feurige Brände vom Himmel auf die Erde niedersteigen, auf der ein Engel einen Löwen züchtigt. Auf der linken Seite sieht man dagegen eine Stadt in strahlendem Licht liegen, auf die weiße Schilde mit rotem Kreuz herabschweben. Zu Füßen des Gekreuzigten umfaßt eine schöne Frau im Büßergewand das Holz, und aus ihren Rockfalten entflieht ein zähnefletschendes Tier. In diesem Bild konnten die Florentiner unschwer ihre Vaterstadt in mehrfacher Darstellung erkennen. Der Löwe, der unter dem Strafgericht des Himmels gezüchtigt wird, ist der *marzocco*, das Wappentier der Stadt. Die Büßende ist zugleich Maria Magdalena und die Verkörperung der Arnostadt als *bella donna*, aus deren Rockfalten der Verderber der Christenheit entflieht. An der im Sonnenglanz liegenden Stadt sind leicht die Wahrzeichen der Stadt, Dom, Baptisterium und Campanile zu erkennen, während die herabschwebenden Schilde das Zeichen der guelfischen Partei, der *parte guelfa*, – und der heutigen Christdemokraten – tragen. In diesen drei Darstellungen von Florenz sind die zentralen Themen der Prophezeiungen des Dominikanermönches Fra Girolamo Savonarola in den Jahren 1494 bis 1498 wiedergegeben: das göttliche Strafgericht über die sündige Stadt, ihre Bußfertigkeit und schließlich ihre Wiedergeburt im Zeichen einer gottgefälligen Republik. Das Bild wurde allerdings erst nach Savonarolas Hinrichtung gemalt und ist ein Beweis dafür, daß die Themen seiner Prophezeiungen überdauerten. Nicht so sehr die Visionen Savonarolas und auch nicht ihr politischer Charakter waren das Besondere an ihm, sondern die Tatsache, daß er sich nicht aufs Predigen beschränkte, sondern selbst fast vier Jahre lang die Verwirklichung des Gottesstaates betrieb. Das, was Savonarolas Predigten ihre Durchschlagskraft gab, war der bei den Florentinern seit Jahrhunderten verwurzelte Glaube, daß ihre Stadt ein lebendiges Wesen sei, das von Gott als Tochter Roms und als Neues Jerusalem zu Außerordentlichem ausersehen war. Krisen und Bedrohungen für die Stadt waren in dieser Sicht Strafen oder Zeichen Gottes für das sündige Verhalten ihrer Bürger.

Die machtvolle Sprache des Dominikanermönches, der diesen Mythos aufgriff und aktualisierte, wirkte wie ein Rauschmittel, das die Wirklichkeit der fremden Soldaten vor den Toren der Stadt eine zeitlang vergessen ließ. Diese unzeitgemäße Reaktion, der Rückgriff auf einen Mythos, der weit ins Mittelalter reicht, läßt eine grenzenlose Hilflosigkeit erkennen, ausgerechnet in einer Stadt hartgesottener Geschäftsleute, gewiefter Politiker und hochdifferenzierter Künstler und Denker.[8]

Einer von diesen, ein glühender Anhänger Savonarolas, war Botticelli.

Ganz anderes dagegen Machiavelli, der im Alter von knapp neunundzwanzig Jahren, in einer Zeit, aus der sonst wenig über ihn bekannt ist, unter den Zuhörern Savonarolas war und in einem der frühesten erhaltenen Briefe an den florentinischen Botschafter in Rom über seine Eindrücke berichtete.

Niccolò Machiavelli an Ricciardo Becchi
8. März 1498

Um Euch wunschgemäß über alle hiesigen Ereignisse um den Frate zu unterrichten, lasse ich Euch wissen, daß er nach den zwei Predigten, deren Text Ihr schon habt, am Fastnachts-Sonntag wieder predigte. Im Anschluß an Vieles schon Gesagte lud er nun die Seinigen ein, an Fastnacht in S. Marco gemeinsam das Abendmahl zu nehmen: da werde er, wenn seine Prophezeiungen nicht von Gott kämen, ihn um ein unzweideutiges Zeichen bitten. Auf diese Weise wollte er vermutlich seine Partei enger zusammenschließen und zu seiner Verteidigung animieren, denn er sorgte sich, daß die neue, schon ernannte, aber noch nicht verkündigte Signoria gegen ihn sei. Als dann am Montag die Signoria verkündigt wurde, nahm er an, sie sei zu zwei Dritteln gegen ihn und werde dem Breve, das der Papst gesandt und in dem er bei Strafe des Interdikts seine Auslieferung gefordert hatte, tatsächlich Folge leisten. Freiwillig oder von anderen gehemmt, beschloß er daher, das Predigen in Santa Reparata aufzugeben und nach S. Marco zu gehen. Donnerstag früh, als die Signoria einzog, sagte er in Santa Riparata nur: um Ärgernis zu vermeiden und Gottes Ehre zu wahren, werde er sich zurückziehen; um ihn zu hören sollten die Männer nach S. Marco kommen, die Frauen aber nach S. Lorenzo zu Fra Domenico gehen.

Wer nun hören konnte, mit welcher Kühnheit unser Frate, als er sich jetzt im eigenen Hause befand, seine Predigten begann und mit welcher Kühnheit er sie durchführte, dürfte ihn wohl nicht wenig bewundern. Da er für seine Person fürchtet und annehmen muß, die neue Signoria wolle ihm schaden, und viele Bürger würden dann in seinen Sturz verwickelt, begann er Schreckensszenen auszumalen und sie für den, der nicht weiter nachdachte, recht überzeugend zu begründen. Er bewies, daß seine Anhänger die edelsten Menschen, seine Gegner die schlimmsten Verbrecher seien und ließ kein Argument aus, das die Gegenpartei herabsetzen, die seinige stärken konnte. Da ich unter den Zuhörern war, will ich einiges kurz wiederholen.

Zu seiner ersten Predigt in S. Marco wählte er die Worte aus dem zweiten Buch Mose: ›Quanto magis premebant eos, tanto magis multiplicabantur et crescebant‹ (je mehr sie diese bedrängten, umso mehr nahmen sie an Zahl zu und wuchsen) und vor der Behandlung dieses Textes erklärte er die Gründe für seinen Rückzug: ›Prudentia est recta ratio agibilium‹. (Klugheit ist die rechte Art der Beweglichen.) Alle Menschen trügen und trugen immer eine Berufung in sich, die Christen natürlich eine besondere. Die Christen sind zu Christus berufen, die anderen Menschen je nach ihrem Glauben zu einem anderen Ziel. Da nun wir Christen zu Christus berufen sind, müsse unser Tun zu seiner Ehre stets äußerst klug bedacht und streng den jeweiligen Umständen angepaßt sein. Erfordere es die Zeit, das Leben für ihn einzusetzen, so müßten wir es einsetzen; ist die Zeit danach, daß man sich verbergen muß, so verberge man sich, wie wir es von Christus selbst und vom heiligen Paulus lesen. Das gilt auch für unser Handeln und so haben wir auch gehandelt. Als es an der Zeit war, den Wütenden zu trotzen, haben wir es, wie am Himmelfahrtstag, getan. Jetzt will es die Ehre Gottes, daß wir vor den Zornigen zurückweichen und so sind wir gewichen.

Nach dieser kurzen Erklärung stellte er zwei Scharen von Kämpfern auf, deren eine unter Gott streite: das seien er und seine Anhänger, die andere aber diene unter dem Teufel: das seien die Gegner. Und nachdem er des langen und breiten darüber gesprochen hatte, kam er zur Erklärung der vorangestellten Stelle aus dem Exodus. Durch die Verfolgungen nähmen die Guten auf zweierlei Weise zu, sowohl im Geiste, wie an der Zahl. Im Geiste, das heißt, daß der Mensch sich im Unglück inniger mit Gott verbindet und so, seiner Urkraft näher, stärker wird, so wie warmes Wasser, enger ans Feuer gerückt, zu sieden beginnt, weil es der Urkraft näher gekommen ist. Ihre Zahl aber wächst, weil es drei Gattungen von Menschen gibt: einmal die guten, das sind die, welche mir folgen, und dann die verirrten und verstockten, meine Widersacher. Dann aber gibt es noch eine Sorte von Menschen, die Kinder der Welt, die, nur ihrem Vergnügen ergeben, weder in Übeltaten verstrickt, noch dem Guten zugewandt sind, weil sie das eine vom andern nicht unterscheiden können. Sobald aber einmal zwischen den Guten und jenen über irgendeine Frage ein ernsthafter Streit entsteht, quia opposita juxta se posita magis elucescunt (weil Gegensätze, nebeneinander gestellt, besonders auffallen), erkennen sie die Ruchlosigkeit der Bösen und die Lauterkeit der Guten und schlagen sich zu diesen und wenden sich ab von jenen, denn von Natur aus strebt jeder zum Guten und meidet das Schlechte. Und auf diese Weise ergibt sich aus Widrigkeiten eine Minderung der Bösen und eine Mehrung der Guten.

Ich fasse mich kurz, weil der beschränkte Raum eines Briefes keine lange Erzählung erlaubt. Wie gewohnt ging er noch auf dies und jenes ein, ehe er sich eine Brücke zu seiner nächsten Predigt baute, indem er zur Einschüchterung seiner Widersacher prophezeite, daß unsere Zwietracht einen Tyrannen heraufführen könnte, der unsere Häuser zerstören und die Felder verwüsten würde. Das aber sei kein Widerspruch zu seiner bisherigen Voraussage, daß Florenz aufblühen und zum Herrscher über Italien werde, denn nach kurzer Zeit werde der Tyrann vertrieben. Das war das Ende seiner Predigt.

Als er am anderen Morgen bei der Auslegung des Exodus an die Stelle kam, wo es heißt, daß Moses einen Ägypter erschlug, deutete er das so, daß der Ägypter für die Bösen stehe und Moses der Prediger sei, der sie töte, indem er ihre Laster aufdecke. ›Oh Ägypter! ich will dir schon einen Messerstich versetzen!‹ rief er wörtlich und dann begann er, ihr Priester, eure Schriften zu zerpflücken und euch so zuzurichten, daß kein Hund mehr von euch ein Stück Brot genommen hätte. Und weiter lief es darauf hinaus, daß er dem Ägypter abermals eine schwere Wunde versetzen wolle, denn Gott habe ihm geoffenbart, daß es in Florenz einen Mann gebe, der sich zum Tyrannen aufschwingen wolle. Dem sei jedes Mittel recht, der wolle den Frate verjagen, wolle den Frate exkommunizieren, wolle den Frate verfolgen, und das heiße eben nichts anderes als sich zum Tyrannen aufschwingen zu wollen und da müßten

Savonarola predigt in San Marco
Zeitgenössischer Holzschnitt

doch die Gesetze sprechen. Soviel ließ er sich darüber aus, daß man nachher den ganzen Tag in aller Öffentlichkeit einen Mann damit in Zusammenhang brachte, der doch himmelweit vom Tyrannen entfernt ist.

Als später aber die Signoria günstig für ihn an den Papst schrieb und er sah, daß er von seinen Gegnern in Florenz nichts mehr zu fürchten hatte, wechselte er sein Mäntelchen. Ging es ihm bisher nur darum, durch Verteufelung seiner Widersacher und durch das Schreckbild von einem Tyrannen seine Partei zusammenzuhalten, so ist jetzt kein Wort mehr vom Tyrannen und den Lastern der Widersacher, sondern nur noch eine Hetze gegen den Papst. Ihn und seine Leute bedenkt er mit Ausdrücken, die Ihr Euch für den schlimmsten Verbrecher nicht einfallen ließet. Mit solchen Lügen will er denn also der Zeit gerecht werden.

Durch die Entlarvung der Visionen Savonarolas als parteitaktische Schachzüge scheint sich Machiavelli auf den ersten Blick herauszuheben aus der Masse seiner berauschten Mitbürger.[9] Beim zweiten Hinschauen jedoch erkennt man, daß er gar keine Entlarvung beabsichtigte, sondern eine durchaus geläufige Sicht der Dinge wiedergab. Savonarola bloß als Haupt seiner Partei zu sehen und gespannt zu beobachten, wie er die Register politischer Demagogie zu ziehen verstand, war offensichtlich für viele der eigentliche Grund, die Predigten zu besuchen.

Wie – neben vielen anderen – die Beispiele Botticellis und Machiavellis zeigen, lassen sich diese extremen Haltungen nicht auf bestimmte gesellschaftliche Schichten einengen, sondern sie verlaufen quer dazu. Und es wäre völlig verfehlt, anzunehmen, Savonarola sei es bloß gelungen, die Masse zu berauschen, während die intellektuelle und wirtschaftliche Elite ihn durchschaute und teilweise für ihre Interessen benutzte. Die mythologische Überhöhung der Politik und ihre Banalisierung als bloßer Ausdruck menschlicher Charakterschwäche sind in ihrer Spiegelbildlichkeit in Wirklichkeit Ausdruck derselben Hilflosigkeit, mit dem Ansturm des Neuen anders fertig zu werden als mit dem Rückgriff auf Altbekanntes. Die Koexistenz und das abrupte Hin- und Herschwanken zwischen beiden Haltungen charakterisiert die Zerrissenheit dieser Epoche florentinischer Geschichte ebenso wie der verzweifelte Versuch, durch die Wiederholung des immer Gleichen in neuen Varianten mit den drängenden Problemen fertig zu werden. Machiavelli war einer der wenigen, der aufgrund seiner späteren politischen Erfahrungen zumindest theoretisch einen Ausweg aus diesem Dilemma suchte. Das zentrale, sich immer wiederholende Ritual der Politik in Florenz waren Aufstände, Verfassungsänderungen und Verschwörungen.

Immer wenn sich die Lage besonders zuspitzte, wenn die fremden Söldnerheere auf die Stadt zumarschierten, wenn die Staatskasse hoffnungslos leer war und die Pest umging, verfiel man in Florenz auf einen Ausweg, der eine grundlegende Erneuerung versprach und doch immer auf den gleichen Weg zurückführte. Manche Historiker nennen ihn eine Revolution, andere bloß einen Umsturz.[10] Die Florentiner selbst sprachen entweder (im Sinne des Mythos der Stadt als Tochter Roms) wie die alten Römer von *novità* (res novae) oder mit unterkühlter Tiefstapelei bloß von *mutazione*, Änderung. Machiavelli hat in seinem nicht allzu langen Leben vier solcher *mutazioni* und noch eine ganze Reihe mißglückter Ansätze dazu erlebt. Abgesehen von seinen jungen Jahren war jede dieser politischen Umwälzungen ein tiefer Einschnitt in sein persönliches Leben und er kam einmal, 1512, nur knapp mit dem Leben davon.

Weniger irreführend, aber dennoch ungenau ist es, wenn man

Plan von Florenz um 1470

die Ereignisse als Vertreibung bzw. Rückkehr der Medici und als Wiederherstellung bzw. Unterdrückung der Demokratie bezeichnet. Die Medici behielten schließlich die Oberhand und konnten 1532 in einem ausgebluteten und gedemütigten Italien den Herzog- bzw. Großherzogtitel für ihre Familie erwerben. Ihre Gegner versüßten sich die Niederlage durch die Rache, den Medici – bis auf den heutigen Tag – das Odium der Tyrannen und sich selbst die Glorie der Verteidiger der Freiheit angeheftet zu haben. In Wirklichkeit ging es um weniger, oder auch um viel mehr: Um weniger – es ging bloß um die Verteilung der Macht unter den führenden Familien; um viel mehr – es ging um den Bestand des Staates Florenz selbst.

Die Machtstrukturen in den Städten waren seit dem Mittelalter meist schon am Stadtbild abzulesen. Für eine solche Betrachtung eignet sich Florenz besonders gut, denn von den Hügeln beidseits des Arno bietet sich ein herrlicher, freier Blick auf die Stadt. Wenn – wie z. B. 1494, als die Medici nach der langen Herrschaft Lorenzos des Prächtigen unter seinem Sohn und Nachfolger Piero vertrieben wurden – die Florentiner eine *mutazione* begannen, wurden die Tore der Stadt geschlossen. Das Drama fand sozusagen unter Ausschluß der Öffentlichkeit statt. Ein anreisender Besucher konnte sich dann z. B. bei dem Kloster San Miniato al Monte – das Michelangelo *la bella villanella* (schönes Bauernmädchen) genannt hat – niederlassen, und sich die Zeit damit vertreiben, anhand des Stadtbildes zu überlegen, was wohl da unten vor sich ging. Ein Anblick, der sich auch heute noch unschwer rekonstruieren läßt.

Außer dem Mauerring des vierzehnten Jahrhunderts, der die Stadt weiträumig umschloß und noch viel Platz für Gärten und Ölbäume ließ, besaß Florenz keine Befestigung. Noch wurde die Stadt nicht wie Mailand oder Ferrara von stark befestigten Kastellen bewacht. Und schon lange waren die Türme der Adelsgeschlechter, die wie kleine Festungen im Inneren der Stadt gestanden hatten, geschleift. Beherrscht wurde das Stadtbild von dem Wunder der Kuppel Brunelleschis, die den marmorgeschmückten Campanile in den Schatten drängt. An profanen Bauten ragte im Zentrum der Stadt nur der Palazzo dei priori oder della signoria (später Palazzo vecchio) und der Bargello (das Stadtgefängnis und Sitz des für die zivile Gerichtsbarkeit zuständigen podestà). Dort, wo einst die Geschlechtertürme der Adelclans gestanden hatten, erhob sich nunmehr einzig der schlanke Turm des Palazzo della signoria, dessen weit hervortretende Balustrade von den gespaltenen Zinnen der guelfischen Partei gekrönt wird. Nur die Kuppellaterne des Domes reichte höher. Schon von weitem präsentierte sich also Florenz als stolze Republik, deren Bürger Geld, Kunst- und Sachverstand genug besaßen, um der Muttergottes als Beschützerin der Lilienstadt ein in der Welt einzigartiges Bauwerk zu widmen. Nicht einmal Rom, die Hauptstadt der Christenheit, hatte ein ähnliches Bauwerk aufzuweisen, denn die Kuppel des Petersdomes, die sich an der Brunelleschis orientierte, wurde erst Ende des sechzehnten Jahrhunderts fertig. Und Siena, die ewige Rivalin von Florenz, die Stadt der kaisertreuen Ghibellinen, hatte den Traum vom größten Dom der Welt schon nach der großen Pest des vierzehnten Jahrhunderts aufgeben müssen. Wo aber manifestierte sich die Macht der Medici, der heimlichen Tyrannen, der steinreichen Kaufleute und Bankiers mit weltumspannenden Geschäftsverbindungen, die das politische Schicksal von Florenz ihrer Familie dienstbar machten?

Aus dem engstehenden Gewirr ein- und zweistöckiger Häuser trat neben den Kirchen, dem Palazzo della signoria und dem Bargello kein Bauwerk auch nur annähernd ebenbürtig hervor. Der Palazzo Medici in der via larga (heute via Cavour) war nur einer unter mehreren zwar großen, aber nahtlos in die umliegenden Häuser integrierten palazzi. Im Laufe des fünfzehnten Jahrhunderts hatten neben den Medici eine ganze Reihe anderer Familien in mindestens ebenso aufwendigen und prächtigen Bauten ihr Selbstbewußtsein zur Schau gestellt. Es waren die palazzi der Strozzi, der Pitti, Pazzi und der Rucellai entstanden, um nur die wichtigsten zu nennen. Größer als alles bisher Dagewesene, nahmen sie den Raum eines ganzen ehemaligen Häusergeviertes ein und waren längst nicht mehr die schmucklosen trutzigen Wohnhäuser des vierzehnten Jahrhunderts. Nur im unteren Teil noch abweisend und festungsartig, erhoben sie sich in den oberen Stockwerken elegant und herrschaftlich über die umliegenden Häuser. Dennoch waren diese palazzi keine Paläste im Sinne adeliger Residenzen, die räumlich Distanz schaffen und zum Orientierungspunkt für die Umgebung werden. Weder aus der Größe, noch aus dem Standort war etwas über die Machtstrukturen in der Stadt abzulesen, denn die palazzi waren unregelmäßig über die ganze Stadt verteilt. Der Beobachter auf den Höhen vor der Stadt mußte ratlos dem fernen Lärm der Waffen und dem dumpfen Geschrei lauschen.

Auch von nah betrachtet war es nicht einfach, Klarheit über Motive und Drahtzieher der Ereignisse zu gewinnen. Seit den Zeiten der Guelfen und Ghibellinen war die Stadt von Parteifehden zerrissen. Aber anders als zur Zeit Dantes oder des Ciompi-Tumults am Ende des vierzehnten Jahrhunderts waren die sozialen und politischen Grenzen undeutlich und fließend. Der ghibellinische Feudaladel war längst vertrieben oder integriert, und die unteren Schichten, der *popolo minuto* war mit einer begrenzten politischen Beteiligung seit dem Ciompi-Tumult gespalten und befriedet. Dennoch war die ständige Gefahr abrupter Ausbrüche, gegenwärtiger denn je.

Cosimo I. (der Alte) de'Medici...   *sein Sohn Piero (der Gichtkranke)...*

Enthüllend und irreführend zugleich waren die Namen, die die einander gegenüberstehenden Parteien trugen. In Anlehnung an das antike Rom der späten Republik hießen die Medici und ihre Anhänger *ottimati*, ihre Gegner *popolani*. Diese antike Verbrämung gab den Auseinandersetzungen in den Augen der Florentiner Würde und unterstrich die Rolle von Florenz als Tochter und Nachfolgerin des antiken Rom. Daß die so bezeichneten Parteien im alten Rom einen Bürgerkrieg ausgefochten hatten, der über mehr als ein Jahrhundert mit zunehmender Gewalt das Ende der römischen Republik einleitete, bedeutete offensichtlich in Florenz keine Schreckensvision, sondern entsprach dem politischen Lebensgefühl der Zeit. Wenn sich jedoch die Parteien mit so blutigen antiken Federn schmückten, war das völlig irreführend, denn in Florenz vertraten die Parteien keinerlei wirklich gesellschaftsverändernde Zielsetzungen. Abgesehen von heftigen, aber sehr beschränkten Differenzen in der Verfassungsfrage gab es nichts, was auch nur entfernt mit dem sozialen Zündstoff zu vergleichen wäre, den z. B. das Agrarreformprogramm der Gracchen im alten Rom hatte.

Die Partei der Optimaten war durch die Familie der Medici identifizierbar. Wie schwankend jedoch die Frontlinien und wie irreführend die Namen waren, zeigt sich allein an der Tatsache, daß die Medici seit dem Ciompi-Tumult gerade als *popolani* mit der Unterstützung der niederen Schichten ihren Aufstieg hatten sichern können. Deutlicher war es da schon, wenn ihre Anhänger nach dem Medici-Wappen mit den Kugeln *(palle)* einfach

... *seine Enkel Giuliano* ...   ... *und Lorenzo (der Prächtige)* ...

palleschi genannt wurden. Ihre Gegner, die *popolani*, besaßen immer nur kurzfristig, z. B. in den Jahren, in denen der Frate Savonarola auf der Höhe seines politischen Einflusses stand, eine klar identifizierbare Führung. In dieser Zeit und auch in den Jahren danach nannte man diese Partei deshalb auch *frateschi* oder verächtlich *piagnoni* (Winsler). Wer hinter diesen Formationen steckte und entlang welcher Trennungslinien sie sich bildeten, läßt sich anhand eines bezeichnenden Ereignisses aus dem Jahre 1494 erkennen.

Karl VIII. von Frankreich war in Italien einmarschiert, da er Anspruch auf den Thron von Neapel erhob, und damit begann eine langdauernde Auseinandersetzung um die Neuordnung Italiens. Piero de' Medici, der Sohn Lorenzos des Prächtigen, der später den Beinamen *lo Sfortunato* (Pechvogel) erhielt, hatte die traditionelle Freundschaft zu Frankreich aufgekündigt, um aus Furcht vor einem Konflikt mit dem unberechenbaren Borgia-Papst Alexander VI. ein Bündnis mit Neapel einzugehen. Die Medici besaßen zwar schon seit 1476 nicht mehr das Privileg, Bankiers der Kurie zu sein, ihre Bank steckte jedoch seitdem in einer so tiefen Krise, daß Piero sich die offene Feindschaft des Papstes nicht leisten zu können glaubte. Unsicher geworden schickte er dennoch Unterhändler zum französischen König. Einer davon, Piero Capponi, aus einer angesehenen und reichen Florentiner Familie, ließ den König unter der Hand wissen, auf welche Weise man in der Stadt selbst den Widerstand gegen die Medici entfachen könnte. Er riet, die Florentiner Kaufleute aus

... seine Urenkel Giovanni (Papst Leo X.)   ... und Piero (der Pechvogel)

Frankreich zu vertreiben. Ein Verzeichnis für den französischen Schatzmeister, das die Namen aller Florentiner Niederlassungen in Lyon enthält, liest sich wie ein Führer zu den palazzi des fünfzehnten und sechzehnten Jahrhunderts. Sie enthält fünfunddreißig Firmennamen, darunter die der Albizi, Strozzi, Antinori, Ginori, Pitti, Salviati, Pazzi usw. Als Piero mit seiner kopflosen Politik gegenüber dem französischen König allzu vielen dieser Leute empfindlich auf die Füße getreten war, stand die Familie Medici, die eben noch die Geschicke der Stadt bestimmt hatte, plötzlich allein da. Wie versprochen, revoltierte das Volk auf den Straßen und bedrohte Piero, der unter Lebensgefahr eiligst die Stadt verlassen mußte.

Die Geschäftsverbindungen der Florentiner Kaufleute und Bankiers breiteten sich wie ein Spinnennetz über Europa aus. Politische Veränderungen jenseits der Alpen schufen neue Fronten in Florenz, je nachdem, wen die neuen politischen Konstellationen begünstigten und wem sie schadeten. Dabei waren die Gegner der Medici weder von ihrer wirtschaftlichen Stärke, noch von ihren internationalen Verbindungen her diesen unterlegen. Den Medici war es lediglich gelungen, über längere Zeit durch eine geschickte Ausgleichspolitik eine einheitliche Front der Konkurrenten zu verhindern. Das, was die politische Entwicklung in diesen Jahrzehnten in Florenz so unübersichtlich macht, ist die Tatsache, daß sich die Gegner, die sich die Köpfe blutig schlugen, im Grunde durch nichts unterschieden, und daß die Ereignisse in Florenz selbst immer nur ein Reflex auf nur bedingt zu beeinflussende Entwicklungen fernab der Stadt waren. Gerade dadurch aber wurde das öffentliche Leben bis in den letzten Winkel politisiert und in Unruhe versetzt, die periodisch die Form eines kollektiven Fieberwahns annahm.

Die Rückkehr der Medici 1512

Wie solche Tage und Wochen des Fieberwahns aussahen, hat Machiavelli in einem Brief über die Rückkehr der Medici 1512 beschrieben. Dieser Brief ist nicht nur durch das, was er beschreibt, aufschlußreich, sondern eher noch durch die Auslassungen und Verharmlosungen, und das Interesse, das Machiavelli mit seinem Brief verfolgte.

Die Ereignisse des Jahres 1512 markieren eine entscheidende Wende im Leben Machiavellis. Er war seit 1498 – nach der Hinrichtung Savonarolas und dem Sturz seiner Anhänger – zum Leiter der zweiten Kanzlei der Republik Florenz und fast gleichzeitig zum Sekretär der *Dieci libertatis et baliae* (Zehn der Freiheit und der Sonderkommission), einer Art Außenministerium, berufen worden.[11] Seine Tätigkeit hatte hauptsächlich in schwierigen diplomatischen Aufträgen bestanden, die ihn an die Höfe und Kriegsschauplätze Italiens, an die Kurie nach Frankreich und zum deutschen Kaiser geführt hatten. Nachdem er bis zu seinem Amtsantritt mit neunundzwanzig Jahren wie die meisten seiner Florentiner Mitbürger über die Umgebung seiner Heimatstadt – den *contado* – wohl kaum hinausgekommen war, hatte Machiavelli in den vierzehn Jahren seiner Tätigkeit als Beauftragter der Republik halb Europa bereist und als Augenzeuge in den Zentren der Macht Erfahrungen gesammelt, wie sie nur wenige Zeitgenossen aufweisen konnten.

Weniger durch sein eigentliches Amt als Kanzleivorstand, vielmehr durch seine diplomatischen Missionen hatte Machiavelli sein politisches Schicksal zwangsläufig mit dem der Regierung verbunden, bei deren Gegnern er schon längst als *mannerino*, als Marionette dieser Regierung und vor allem des Staatsoberhauptes, des *Gonfaloniere di giustizia* Piero Soderini, verschrien war. Damit jedoch hatte er sich mit einem Mann verbunden, der von Anfang an wenig politische Fortune besaß.

Nach der Verbrennung Savonarolas waren die politischen Fronten zunächst ziemlich unklar, und der Pechvogel Piero de' Medici schaffte es nicht, seiner Partei wieder zur Macht zu verhelfen. Soderini war eine Art Kompromißkandidat zwischen Popolaren und Optimaten, der durch eine Verfassungsänderung 1502 sein Amt auf Lebenszeit erhielt. Aber schon in der Nacht nach seiner Wahl wurden an seine Haustür Galgen und Stricke gemalt, und die Vertreter einiger der führenden Familien von Florenz, die bisher keineswegs zur Medicipartei gehört hatten,

*Gonfaloniere
Piero Soderini*

lehnten die Einladung zum Festessen anläßlich der Wahl ab. Es war damit nur eine Frage der Zeit und des Geschicks der Medici, bis diese Familien – die Salviati, Rucellai und Guicciardini – mit der Medicipartei gemeinsame Sache machen würden. Schon 1510 wurden die Tore mehrmals geschlossen, es floß Blut in der Stadt und eine Verschwörung wurde aufgedeckt.

Daß die Regierung Soderini in allerhöchster Gefahr schwebte, war spätestens seit der Bildung der Heiligen Liga durch Papst Julius II. 1511 klar, der mit Hilfe Spaniens und Venedigs den französischen Einfluß in Italien zunichte machen wollte. Obwohl er gerade erst im Bündnis mit Frankreich der Republik Venedig in der Schlacht von Agnadello (1509) die *Terra ferma* entrissen hatte, warf sich der Papst nun in einer pathetischen Geste mit dem Kriegsruf *fuori i barbari* zum Verteidiger gegen den fremden Einfluß in Italien auf. Dazu fand er auch noch die Hilfe des deutschen Kaisers Maximilian und des englischen Königs Heinrich VIII.

Florenz befand sich in haargenau der gleichen Zwickmühle wie 1494, als dies der Anlaß zur Vertreibung der Medici war: Zwischen dem unmittelbaren Nachbarn Kirchenstaat und der fernen Großmacht Frankreich galt es eine Wahl zu treffen, die in jedem Fall ein Hazardspiel war. Wie auch immer die Wahl ausfiel und wie auch immer das Kriegsglück entschied, jede Entscheidung mußte sich auf Dauer als verhängnisvoll herausstellen. Soderini, der die traditionell auf Frankreich ausgerichtete Politik von Florenz weitergeführt hatte, versuchte deshalb wie einstmals Piero de' Medici zu lavieren und sich so lange wie möglich nicht festzulegen. Alles kam darauf an, ob der französische König Ludwig XII. Florenz schützen konnte und wollte. Trotz eines großen Sieges bei Ravenna aber konnte das französische Heer die Stellung in Oberitalien nicht halten, und so konnte die Liga auf einer Konferenz in Mantua die politischen Verhältnisse in Mailand und Florenz nach ihrem Belieben neu ordnen. Für Florenz wurde die Wiedereinsetzung der Medici mit Hilfe spanischer Truppen beschlossen. Machiavelli täuschte sich keineswegs über das Ausmaß der Gefahren, die auf Florenz und besonders auf die Parteigänger Soderinis zukamen. Schon im November 1511 machte er sein Testament. Die Rückkehr der Medici und der Sturz der Regierung Soderini mußte auch ihn in den Abgrund reißen.

Um so verblüffender erscheint da zunächst der Brief Machiavellis über die Ereignisse im Sommer 1512, der nach dem 16. September, also auf jeden Fall nach dem Einzug der Medici in Florenz, geschrieben ist.

Obwohl die genaue Adressatin nicht bekannt ist, weil der Brief nur in einer Abschrift erhalten ist, steht doch aus dem Inhalt fest, daß dieser einzige an eine Frau geschriebene Brief Machiavellis an den engeren Familienkreis der Medici gerichtet war. Eine weithin akzeptierte Vermutung geht dahin, daß es sich bei der Adressatin um Alfonsina Orsini de' Medici gehandelt habe, um die Witwe des 1494 vertriebenen Pechvogels Piero, der inzwischen (1503) nach der Schlacht von Garigliano in dem gleichnamigen Fluß ertrunken war. Deren zwanzigjähriger Sohn Lorenzo, der spätere Herzog von Urbino, stand noch im Hintergrund, während die ›Familienangelegenheiten‹ der Medici von den Brüdern Pieros geführt wurden. Dies waren der Kardinal Giovanni, der als päpstlicher Legat nach Florenz zurückkehrte, und dessen weltliche Hand Giuliano.

NICCOLÒ MACHIAVELLI
(vielleicht an ALFONSINA ORSINI DE' MEDICI, September 1512)

Da Eure Herrlichkeit erfahren wollen, erlauchte Frau, wie sich diese res novae in den letzten Tagen hier bei uns in der Toskana abgespielt haben, schreibe ich Sie Ihnen gern der Reihe nach, nicht nur, um Ihrem Wunsche zu entsprechen, sondern auch um die Erfolge der Freunde E. H. und meiner Herren zu ehren. Damit wird auch all das unendlich viele Unerfreuliche, von dem E. H. im Laufe meines Berichtes erfahren werden, aufgehoben.

Nachdem auf dem Kongreß in Mantua die Wiedereinsetzung der Medici beschlossen und der Vicekönig nach Modena zurückgekehrt war, hatte man in Florenz große Bedenken, ob das spanische Heer nicht etwa in die Toskana einrücken werde. Alles war unsicher, denn der Kongreß hatte geheim getagt und die Annahme lag nahe, daß der Papst eine Störung in diesem Bereich nicht wünsche, zumal durch Briefe aus Rom bekannt wurde, daß das Vertrauen zwischen dem Papst und den Spaniern nicht das beste sei. So zögerte man mit jeglichen Entschlüssen und Zurüstungen solange, bis aus Bologna die entscheidende Nachricht kam, daß der Feind schon einen Tagesmarsch vor unserer Grenze stehe. Bestürzung über einen so plötzlichen und kaum erwarteten Angriff ergriff die ganze Stadt, man beriet was da zu tun sei und entschloß sich, in aller Eile 2000 Mann Fußtruppe nach Firenzuola, einem Kastell an der Grenze zwischen Florenz und Bologna, zu schicken, nachdem jetzt keine Zeit mehr war, die Gebirgspässe zu besetzen. Die Überlegung war dabei, daß die Spanier wohl kein so starkes Korps hinter sich lassen und diesen Ort deshalb belagern würden, so daß wir Zeit fänden, mehr Leute aufzubieten und mit stärkeren Kräften den Angriff zu erwarten. Allerdings sollten diese Truppen auch nicht ins Feld hinausrücken, weil man sie zu schwach für eine offene Begegnung hielt, sondern nach Prato gelegt werden, ein großes Kastell nur zehn Meilen von hier in der Ebene am Fuß der Berge, die sich vom Mugello herabziehen. Man erwartete, daß die Truppe dort sich hinreichend einrichten und standhalten könnte, zumal bei der Nähe zu Florenz jederzeit Verstärkung zu schicken möglich wäre, wenn die Spanier sich dahin wenden würden. Nach diesem Plan wurden unsere Streitkräfte tatsächlich zu den erwähnten Orten in Marsch gesetzt. Allein der Vizekönig wollte sich nicht in der Gegend herumschlagen, sondern den Umsturz in Florenz, was er mit seiner Partei leicht zu schaffen hoffte. Er ließ Firenzuola hinter sich und stieg nach Überquerung des Appennin nach Barberino di Mugello hinab, einem Kastell achtzehn Meilen vor Florenz, wo sich ihm alle umliegenden Kastelle, die ja keine Besatzungen hatten, unterstellten und sein Lager nach ihren Möglichkeiten verproviantierten.

Inzwischen hatte sich in Florenz ein großer Teil der Mannschaften samt den Condottieri eingefunden, die bei den Beratungen über die Abwehrmaßnahmen den Schwerpunkt nicht in Prato, sondern in Florenz bilden wollten, da man, in jenem Kastell eingeschlossen, dem Vizekönig nicht werde widerstehen können, dessen Truppenstärke zwar noch unbekannt, aber, aus seinem schnellen Vordringen zu schließen, bedeutend sei. Deshalb stimmten sie dafür, sich in der Stadt zu konzentrieren und sie zu verteidigen, was mit Hilfe des Volkes möglich sei, und im übrigen Prato zu halten, wo die 3000 Mann Besatzung bleiben sollten. Diese Überlegung fand Zustimmung, besonders beim Gonfaloniere, der sich umso sicherer und stärker der Gegenpartei gegenüber hielt, über je mehr Kräfte er verfügen konnte.

So standen die Dinge, als der Vizekönig eine Gesandtschaft nach Florenz schickte zur Erklärung, man käme nicht als Feind und wolle weder die Freiheit der Stadt noch ihre Regierung antasten, sondern sich nur versichern, daß Florenz die Partei Frankreichs verlasse und sich dem Bündnis [Papst, Venedig und Spanien-F. H.] anschließe.

Diese aber könne der Stadt und ihren Versprechungen nicht trauen, solange Piero Soderini Gonfaloniere bleibe, der sich als Parteiträger Frankreichs ausgewiesen habe, weshalb er sein Amt niederlegen und das Volk von Florenz einen beliebigen anderen wählen müsse.

Die Antwort des Gonfaloniere darauf war, er sei weder durch Betrug noch durch Gewalt zu dieser Würde gekommen, sondern durch das Volk eingesetzt worden, weshalb er sie nicht niederlege, auch wenn alle Könige der Welt dies von ihm verlangten. Nur wenn das Volk seine Abdankung wolle, werde er so bereitwillig willfahren, wie er seine Wahl ergeben angenommen habe. Deshalb berief er, um die allgemeine Stimmung festzustellen, nach dem Weggang der Gesandtschaft sofort den gesamten Rat, legte ihm das Ansinnen vor und erklärte, daß er nach Hause gehen werde, wenn das Volk dies wünsche und der Rat der Überzeugung sei, daß sein Rücktritt den Frieden bringe. Denn nie habe er an etwas anderes gedacht als an das Wohlergehen der Stadt und es würde ihn schmerzen, wenn sie ihm zuliebe litte. Dieses Anerbieten wurde aber ausnahmslos von allen zurückgewiesen, die einmütig ihr Leben für das seine einsetzen wollten.

Unterdessen waren die Spanier bis vor Prato gerückt und hatten mit starken Kräften einen Sturm unternommen, da er aber erfolglos geblieben war, begann S. Exzellenz [der spanische Vizekönig-F. H.] mit dem florentinischen Gesandten zu verhandeln und beorderte mit ihm seinen eigenen nach Florenz mit dem Angebot, daß er durch eine bestimmte Summe zufriedenzustellen sei; die Sache der Medici zu regeln würde Ihrer Katholischen Majestät anheimgestellt, die die Florentiner bitten, aber nicht zwingen werde, sie wieder aufzunehmen.

Die Ankunft der Gesandten mit diesem Vorschlag und ein Bericht von der schlimmen Lage der Spanier, die am Verhungern seien, sowie darüber, daß sich Prato halten könne, machten den Gonfaloniere und die Masse, auf die er sich stützte, so vertrauensselig, daß er trotz des Eintretens kluger Leute für diesen Friedensvorschlag seine Entscheidung so lange hinauszögerte, bis anderntags die Nachricht von der Einnahme Pratos kam. Die Spanier seien durch eine Bresche in der Mauer auf die Verteidiger eingestürmt und hätten sie so erschreckt, daß sie ohne großen Widerstand samt und sonders die Flucht ergriffen. Nach der Besetzung wurde die Stadt geplündert und die Einwohnerschaft in einem grauenvollen Massaker niedergemacht. Mehr als viertausend kamen ums Leben, der Rest in Gefangenschaft und mußte sich irgendwie loskaufen. Nicht einmal der weltabgeschiedenen Jungfrauen erbarmte man sich, ihre geheiligten Räume widerhallten von Notzucht und Frevel.

Die Berichte davon stürzten die Stadt in große Erregung, nur der Gonfaloniere zeigte keine Furcht und hielt an seinen Wahnvorstellungen fest. Er wollte Florenz halten und den Spaniern für einen Vergleich jede beliebige Summe bieten, wenn nur die Medici ausgeschlossen blieben.

Aber seine Unterhändler kamen mit dem Bescheid zurück, er müsse entweder die Medici aufnehmen oder kriegerische Handlungen erwarten. Da nun jedermann, angesichts der in Prato erwiesenen Feigheit unserer Soldaten, schon Plünderungen befürchtete und diese Angst durch die gesamte Nobilität, die eine Änderung der Verfassung wünschte, geschürt wurde, erhielten unsere Gesandten am Montag, den 30. August, nachts 2 Uhr, den Auftrag, mit dem Vizekönig unter jeder Bedingung eine Einigung zu erzielen. Die allgemeine Angst erreichte schließlich einen solchen Grad, daß die Männer, die den Palast und die Regierenden wie üblich zu bewachen hatten, sich davonmachten und die hilflose Signoria sich gezwungen sah, die zahlreichen Bürger, die seit Tagen der Anhängerschaft an die Mediceer verdächtigt, verhaftet und im Palazzo festgehalten worden waren, freizulassen. Diese nun fühlten sich, im Verein mit vielen Notablen, die wieder zu ihrem alten Ansehen kommen wollten, so ermutigt, daß sie Dienstag früh, um den Gonfaloniere zum Rücktritt zu zwingen, bewaffnet zum Palast zogen. Sie hatten ihn schon ringsum besetzt, als ein gewisser Bürger sie überreden konnte, von Gewalttätigkeiten abzusehen und den Gonfaloniere in Güte abziehen zu lassen. Tatsächlich wurde er von ihnen selbst nach Hause geleitet, so daß er sich mit Zustimmung der Signoria in der folgenden Nacht unter guter Bedeckung nach Siena begeben konnte. Die erlauchten Medici allerdings wollten jedoch auf diese Nachricht hin nicht nach Florenz kommen, bevor nicht die Stadt alles mit dem Vizekönig geregelt hatte. Dies geschah nach Überwindung gewisser Schwierigkeiten und als sie nun in Florenz wiedereinzogen, wurden sie von der Bevölkerung der Stadt mit größtem Jubel empfangen.

Nun aber hatte der Vizekönig Bedenken bekommen, daß die Neuordnung des Stadtregiments doch weder dem Hause der Medici noch dem Bündnis hinreichende Sicherheit bieten werde, und er ließ deshalb die Signoria wissen, daß die Verfassung wohl auf die Form zuzeiten Lorenzos des Prächtigen zurückgeführt werden müsse. Die Notablen in der Bürgerschaft wären dieser Aufforderung gerne nachgekommen, doch fürchteten sie zuviel Mitsprache der gro-

Nach RAFFAEL
Giuliano de' Medici

ßen Masse. Die Diskussion darüber war noch nicht zuende, als der Legat [Giovanni de' Medici/F. H.] nach Florenz hereinkam und mit dessen Gefolge auch ziemlich viel Soldaten, meist Italiener. Als nun die Signoria am 16. des Monats eine Reihe von Bürgern der Stadt zusammengerufen hatte, unter ihnen den erlauchten Giuliano, die gerade über die Reform der Verfassung berieten, entstand aus einem gewissen Anlaß Lärm auf der Piazza, der dem Ramazotti [Söldnerführer/ F. H.] Grund gab, mit seinen Soldaten und anderen in den Palazzo mit ›Palle! Palle!‹-Geschrei einzudringen.

In Windeseile bewaffnete sich die ganze Stadt und jedes Quartier widerhallte von diesem Namen, so daß die Signori sich genötigt sahen, die Einwohnerschaft zum parlamento, wie hier eine Volksversammlung heißt, zusammenzurufen, vor dem ein Gesetz verkündigt wurde, das den erlauchten Medici alle Ehren und Würden ihrer Vorfahren wieder herstellte. Unsere Stadt ist seitdem denkbar ruhig und hofft nun mit deren Hilfe nicht weniger ruhmvoll leben zu können als in der Vergangenheit unter dem väterlichen Regiment Lorenzo's des Prächtigen, glücklichsten Andenkens.

Der Brief gibt sich, als käme Machiavelli einer Aufforderung nach, als wäre die Beschreibung der *mutazione* von 1512 eine Verpflichtung, deren er sich gegenüber einer hochgestellten Dame in sachlich-höflichem Ton entledigt. Daß dies gerade nicht der Fall sein kann, wird erst bei näherem Hinsehen deutlich. Dann wird der Brief doppelbödig, und die Bewunderung für den klaren, gemessenen Sprachstil weicht der Verwunderung über die moralische Demütigung, der sich Machiavelli aussetzt.

Bedenkt man, daß der Brief an eine Frau geschrieben ist, so fällt zuerst auf, daß der größte Teil nicht den Ereignissen in Florenz gewidmet ist, sondern der Belagerung und Eroberung von Prato. Machiavelli spricht zwar davon, er wolle rücksichtsvoll auf eine Schilderung der näheren Umstände verzichten, sagt aber dann doch genug, daß sich die Adressatin bei ein bißchen Phantasie die Schrecken der Plünderung ausmalen kann. Die Ereignisse in Florenz erscheinen hingegen nur noch als ein Anhängsel, als logische Konsequenz aus der Niederlage und der Uneinsichtigkeit der Regierung. Bis auf den Gonfaloniere und die Mitglieder des Hauses Medici und ihren Anhang (so den Söldnerführer Ramazzotto) nennt Machiavelli keine Namen. Aus dieser Tatsache wird besonders deutlich, daß Machiavelli sicher nicht dem Wunsch einer unbekannten Dame nachkam, die über die Vorgänge in Florenz informiert sein wollte. Was Machiavelli schreibt, mag wohl für uns interessant sein, für eine Frau aus der Familie der Medici dagegen war das klägliche Versagen der Miliz bei der Verteidigung Pratos, und das Hin- und Her über die Bedingungen eines ja von vornehrein unmöglichen Kompromisses kaum von besonderem Interesse. Die Vorgänge in Florenz, so wie Machiavelli sie schildert, mußten ihr in etwa bekannt sein, schon allein deshalb, weil sie sich kaum vom typischen Ablauf solcher Ereignisse in der Stadt unterschieden. Auch wenn Donna Alfonsina aus Rom stammte, so hatte sie doch 1494 bei der lebensgefährlichen Flucht ihres Mannes den unverwechselbar florentinischen Verlauf einer *mutazione* aus nächster Nähe erlebt. Auch war keine der Frauen aus dem Mediciclan so wenig an den politischen Verhältnissen ihrer Familie und ihrer Stadt interessiert, daß sie mit so allgemeinen Aussagen etwas hätte anfangen können.

Wenn dieser Brief der einzige wäre, mit dem sich Machiavelli an die neuen Machthaber wandte, so könnte es den Anschein haben, daß er sich tatsächlich bloß einer lästigen Verpflichtung entledigte und gerade durch die allgemein unverbindlich gehaltene Darstellung sogar bewußt Distanz schaffen wollte. Da es aber noch andere Schreiben gibt, von denen noch die Rede sein wird, so ist dieser Brief nur zu verstehen als Versuch, sich den neuen Machthabern anzudienen. Daß Machiavelli seine Aussichten wohl selbst nicht unbedingt optimistisch einschätzte, daß er versucht, auf Umwegen sich heranzuschleichen, zeigt die Adressatin: Machiavelli wandte sich nicht direkt an die Protagonisten, an den Kardinal und päpstlichen Legaten Giovanni oder an seinen jüngeren Bruder Giuliano, er wandte sich auch nicht an die männlichen Familienmitglieder in der zweiten Linie, die noch keine eigenständige Rolle spielten: an den vierundzwanzigjährigen Sohn Alfonsinas, Lorenzo, oder den unehelichen Sohn des ermordeten Bruders von Lorenzo dem Prächtigen, Giulio. Stattdessen wandte er sich an eine Frau, die schon allein ihres Geschlechts wegen offiziell nichts zu sagen hatte, aber er wußte, daß alle Medici-Frauen innerhalb der Familie ein gewichtiges Wort mitzureden hatten und gelegentlich auch eine nach außen sichtbare Rolle spielten. Gerade die vorübergehende Rückkehr der Alfonsina Orsini (einige Jahre zuvor) war ein Signal dafür gewesen, daß die Medicipartei zum Angriff überging. Unter dem Vorwand, aus den konfiszierten Gütern ihres vertriebenen Mannes ihre Mitgift zurückzuerhalten, nahm sie in Florenz Verbindung zu den führenden Familien auf, und empfing als Gäste vor allem Vertreter derjenigen Familien, die sich aus persönlicher Gegnerschaft gegen Soderini und seinen Anhang als Männer ›maioris momenti‹ im Hintergrund hielten. Diese Männer, die Rucellai, Salviati und Guicciardini, die bereits allgemein den verballhornten Spitznamen *maggiori momentanei* (für einen wichtigeren Zeitpunkt) trugen, gaben dann auch den Ausschlag für die Neuformierung der Fronten in der Stadt.[12]

Machiavellis Vorgehensweise war also wohl kalkuliert, ein Schachzug, um durch die Hintertür ins Zentrum der Macht vorzudringen. Doch er blieb erfolglos, denn Machiavelli blieb auf halbem Wege stehen und versuchte das Kunststück einer würdevollen Anbiederung. Er ließ sich nicht zu Denunziationen herab, indem er konsequent keine Namen nannte. Ein Passus, in dem der Frontwechsel bekannter Persönlichkeiten geschildert wurde, hat sich als eine spätere Fälschung erwiesen.[13] Von der Politik des Gonfaloniere setzte er sich zwar vorsichtig ab, verzichtete aber auf eine Verurteilung, die leicht und mit einer Reihe ganz ›objektiver‹ Argumente, die nur das Wohl der Stadt im Auge zu haben vorgaben, ohne weiteres möglich gewesen wäre. Ebensowenig versuchte Machiavelli, sich selbst in den Vordergrund zu spielen, sich das Mäntelchen von Verdiensten um die Stadt umzuhängen oder auf seine guten Beziehungen zu bestimmten Leuten hinzuweisen. Diese Zurückhaltung, der Versuch, einen Drahtseilakt zwischen Liebdienerei und der Wahrung persönlicher und politischer Integrität zu vollziehen, verleiht Machiavellis Brief einen fast tragischen Zug. Ein Eindruck, der sich noch verstärkt, wenn man die Perspektive wechselt und sich vergegenwärtigt, was Machiavelli bewußt *nicht* geschrieben hat.

Wieviel Selbstverleugnung muß es gekostet haben, wieviel Haß muß er in seinem Herzen begraben haben, kein Wort darüber zu verlieren, daß die auf Prato gerichteten Kanonen von dem päpstlichen Legaten, Kardinal Giovanni de' Medici geliefert worden waren, der auch den Truppen folgte. Machiavelli schweigt darüber, daß der Kardinal nichts tat, um zu verhindern, daß sich die spanische und italienische Soldateska unter berüchtigten Bandenführern, wie dem von Machiavelli später genanntem Ramazotto, über die Nachbarstadt von Florenz wie über Feindesland hermachte. Der sonst so menschenfreundliche und umgängliche Kardinal ließ sogar erst einige Zeit verstreichen, bis er die Frauen, die sich in seinen Palast hatten flüchten können, schützen ließ. Machiavelli übergeht, daß mit dem Versagen der florentinischen Soldaten beim Schutz von Prato das Verteidigungskonzept kläglich gescheitert war, an dem er selbst mitgearbeitet hatte und an dem sein Herz hing: die Aufstellung einer Bürgerwehr, einer Miliz nach dem Vorbild der antiken Heeresaufgebote in Griechenland und im frühen Rom. Wenn Machiavelli in seinem Brief von Feigheit spricht, so gesteht er damit ein, daß nicht nur schlechte Ausbildung und Bewaffnung seine ›Bürgersoldaten‹ den Berufssoldaten der Söldnerheere unterlegen machte, sondern daß der Mehrzahl seiner Mitbürger genau das fehlte, was ein Bürgerheer einem Berufsheer überlegen machen könnte, nämlich der Patriotismus, in diesem Fall der Wille, die Stadt nicht wieder in die Hände der Medici fallen zu lassen. Die Meinung, die sich durchsetzte, war hingegen die, man dürfe,»um einen einzigen zu retten« (nämlich den Gonfaloniere Piero Soderini) nicht ein ganzes Volk in Gefahr bringen.[14]

Weil Machiavelli keine Namen nannte, ging er auch nicht darauf ein, daß unter den Männern, die bewaffnet in den Signorenpalast eindrangen, z. B. Gino Capponi war, dessen Onkel Piero 1494 zum Aufstand gegen die Medici beigetragen hatte. Machiavelli ging auch mit Schweigen darüber hinweg, daß ein Mann, der selbst im Dienst der Regierung Soderini gestanden und gemeinsam mit Machiavelli die diplomatische Mission zum deutschen Kaiser unternommen hatte, ja, mit dem er selbst freundschaftlich verbunden war, in den Ereignissen eine Doppelrolle gespielt, sich dabei freilich immer unverblümter den Medici zur

Verfügung gestellt hatte: Francesco Vettori, mit dem Machiavelli weiterhin einen engen freundschaftlichen Kontakt hielt, war der Mann, der auf der einen Seite den Parteigängern der Medici seine Villa Paneretta für die Vorbereitung des Coups zur Verfügung gestellt hatte und dann die Signoria zur Absetzung des Gonfaloniere aufforderte, auf der anderen aber den Abgesetzten in seinem Haus aufnahm und ihm Geleitschutz bei der Flucht nach Siena und später in das venezianische Ragusa gewährte. Sein Bruder Paolo, als Medicianhänger bekannt, war unter den Männern, die bewaffnet in den Signorenpalast eindrangen. Angesichts derartiger Verwirrungen war es schwer zu entscheiden, wo genau die Trennungslinie zwischen Aufrechten und Verrätern, zwischen Verteidigern und Feinden der Freiheit verlief, und wie überhaupt diese Freiheit noch hätte beschaffen sein können.

Labiles Gleichgewicht

Wenn Machiavelli darauf hoffte, entweder seine Ämter behalten zu können, oder aber anderweitig unter den Medici im öffentlichen Dienst Verwendung zu finden, so war dies, auch wenn schließlich nichts daraus wurde, gewiß nicht ganz unrealistisch. Machiavelli schließt seinen Bericht über die Ereignisse im Sommer 1512 mit der Feststellung, daß Florenz nach dem Parlament vom 16. September und der damit endgültigen Rehabilitierung der Medici »ruhig blieb«. Nach all den Aufregungen, den Schreckensnachrichten, dem vergeblichen Hoffen und den Tumulten herrschte also plötzlich Ruhe.

Diese Ruhe darf man sich als durchaus gespenstisch vorstellen. Mit angehaltenem Atem warteten alle, wie sich die Medici nun verhalten würden und ob ihre Gegner tatsächlich klein beigeben oder aber zu neuem Widerstand sich versammeln würden. Und die Medici erwiesen sich als außerordentlich vorsichtig. Prato beschießen und plündern zu lassen, mochte noch angehen, aber in Florenz einem der einflußreichen Leute zu nahe zu treten, konnte gefährlich werden. Prato liegt zwar kaum fünfzehn Kilometer von Florenz entfernt, und von den Zinnen des Palazzo della Signoria konnte man in dem sich nach Nordosten breit öffnenden Arnotal das Feldlager und die Belagerungswerke der Feinde erkennen. Aber Prato war bloß *eine* Stadt im Herrschaftsgebiet von Florenz, eine unterworfene Stadt (1350), und noch dazu eine lästige Konkurrenz im Tuchhandel.

So grausam ihr Verhalten gegenüber Prato war, so umsichtig und versöhnlich zeigten sich die Medici in Florenz selbst. Besonders Giuliano, der schon Anfang September nach Florenz zurückgekehrt war, trug eine höchst bürgerliche Gesinnung zur Schau.[15] Er ging ohne Eskorte auf den Straßen spazieren, trug den langen dunkelroten Mantel der Magistratspersonen und rasierte sich sogar wie ganz normale Bürger den Bart ab. Die Zurschaustellung der Waffen und Söldner hatte genügt, es floß kein Blut. Nach dem Abzug der spanischen Truppen konnten die Medici auch die italienischen Söldnerführer und ihre Soldaten entlassen, so ruhig war die Stadt. Lediglich ein Mann, der dem Gonfaloniere auf der Flucht eine Nachricht seines Bruders hatte zukommen lassen, starb auf der Folter. Die Familie des gestürzten Gonfaloniere wurde auf zwei bzw. drei Jahre in verschiedene Teile Italiens verbannt, er selbst für fünf Jahre nach Ragusa. (Dubrovnik) Dem Bruder Piero Soderinis, Francesco, der Kardinal und Bischof von Volterra war, konnte man natürlich nichts antun. Die drückendste Strafe für Florenz blieb zweifellos die Zwangsanleihe von 80 000 Dukaten (vgl. Anm. 39), um die Spanier zu bezahlen. Der Leiter der ersten Kanzlei, die einen größeren Aufgabenbereich als die zweite Machiavellis hatte, der also einen höheren Rang einnahm als Machiavelli selbst, konnte seinen Posten behalten.

Nachdem der Brief an Donna Alfonsina nichts gefruchtet hatte, nachdem sich zeigte, wie leutselig die Medici sich gegenüber ihren Mitbürgern gaben, versuchte Machiavelli einen Vorstoß ins Zentrum der Macht, d. h. er wandte sich direkt an Kardinal Giovanni de' Medici. Von dem Brief ist leider nur ein Fragment erhalten, das aber dennoch Ton und Zielsetzung des Schreibens gut erkennen läßt. Machiavelli greift die Frage auf, wie die Medici mit dem bei ihrer Vertreibung 1494 konfiszierten und später veräußerten Besitz verfahren sollten.

»In Anbetracht, daß die Anmaßung sich durch die Zuneigung entschuldigen lasse, wage ich, einen Rat zu erteilen. Schon sind die Beamten erwählt, um die früheren Güter der Medici auszumitteln und ihnen wieder einzuhändigen. Diese Güter befinden sich heute in den Händen derjenigen, welche sie gekauft haben und sie legal besitzen; sie ihnen zu entreißen, wird unauslöschlichen Haß erzeugen, denn die Menschen betrüben sich mehr über ein Grundstück, das ihnen entrissen wird, als über den Verlust eines Vaters oder Bruders, denn jeder weiß, daß eine Staatsumwälzung den Bruder nicht mehr ins Leben rufen, daß sie ihm aber wohl sein Grundstück wieder verschaffen kann. Es wäre darum viel besser, sich von der Balìa zeitweilig ein jährliches Subsidium zur Vergütung des erlittenen Schadens votieren zu lassen. Ich erwähne das alles in guten Treuen und E. H. möge darüber in ihrer Weisheit entscheiden.«[16]

In einem umfangreicheren Schriftstück, einer Art Aide-mémoire ging Machiavelli noch weiter und warnte die Medici vor den »falschen Freunden«, die sich nur aus persönlichem Haß auf ihre Seite geschlagen hätten, und nun auf die nächste Gelegenheit warteten, um das Volk auch gegen die Medici aufzuhetzen. Mit diesen beiden Schreiben hatte nun auch Machiavelli die Schamgrenze der Anbiederung und Denunziation überschritten. Mehr noch als der Eindruck der Anbiederung drängt sich der einer geradezu naiven Hilflosigkeit auf, wenn Machiavelli den neuen Herren in dieser Weise Ratschläge erteilen zu müssen glaubt. Aber diese Selbsterniedrigung kam ebenfalls zu spät. Von den Funktionen, die er zuletzt ausfüllte, hatten sich zwei ohnehin von selbst erledigt, weil die entsprechenden Behörden aufgelöst worden waren.

Die Miliz wurde aufgelöst, womit natürlich auch die Behörde der ›Neun von der Miliz‹ überflüssig wurde. Ebenso erging es den ›Zehn der Freiheit‹, auch diese Institution fiel dem Revirement der Medici zum Opfer. Machiavelli verlor aber auch sein Amt als Leiter der zweiten Kanzlei, denn nicht nur war sein Ansehen geringer als das seines väterlichen Freundes und Gönners Marcello Virgilio, der der ersten Kanzlei vorstand und ein international renomierter Humanist war. Machiavelli hatte sich vor allem durch seine diplomatischen Missionen und durch die Aufstellung der Bürgerwehr in viel stärkerem Maße politisch als Vertrauter des Gonfaloniere exponiert. Am 7. November wurde er seines Amtes enthoben, er durfte für ein Jahr das Gebiet der Republik nicht verlassen und durfte auch nicht mehr den palazzo della signoria betreten. Seine Amtsführung wurde einer peinlichen Prüfung unterzogen, die aber nichts Negatives zutage förderte, und da man ihm wohl nicht gerade wohlgesonnen dabei war, läßt dies auf eine untadelige Amtsführung schließen. Die unterschiedliche Behandlung der beiden Sekretäre zeigt deutlich, wie sorgfältig die Medici versuchten, nicht allzu viel Staub aufzuwirbeln und Männer, die ihnen durch ihr hohes

DOMENICO GHIRLANDAIO
Florentiner Bürger vor dem Palazzo Vecchio
Ausschnitt aus einem Fresko in Santa Trinità

Ansehen schaden konnten, nicht unnötig in die Arme ihrer Gegner zu treiben.

Doch die Ruhe, die vollkommene Gleichgültigkeit, mit der die Stadt die neue Situation hinzunehmen schien, wurde noch einmal durch einen gewaltigen Lärm erschüttert, der für einen Moment die Gefahr aufblitzen ließ, die hinter der scheinbaren Rückkehr zur Normalität lauerte. Auch diese Erschütterung gehörte sozusagen zum Ritual der *mutazione:* Im Februar 1513 wurde eine Verschwörung aufgedeckt.

Die Aufdeckung erfolgte zu einem Zeitpunkt, zu dem für die Medici plötzlich noch einmal alles auf dem Spiel stand. Papst Julius II., der sich ganz hinter die Sache der Medici gestellt hatte, erkrankte plötzlich schwer, und man rechnete mit seinem Tod. Er starb tatsächlich schon am 20. Februar. Wurde im Kardinalskollegium eine Front gegen die Medici aufgebaut und ein Papst gewählt, der ihnen feindlich gesonnen war, dann stand in Florenz die nächste *mutazione* auf dem Programm, und zwar gegen die Medici. Und um diese Front aufzubauen, stand im Konsistorium der Bruder des gestürzten Gonfaloniere, Kardinal Francesco Soderini, schon bereit. Dabei hatte der mediceische Kardinal Giovanni selbst gute Chancen, Papst zu werden. Als Hindernis galten lediglich seine Jugend – er war noch keine vierzig – und die Tatsache, daß er zwar Kardinal war, aber noch nicht einmal die Priesterweihe besaß. Giovanni mußte also unter allen Umständen so schnell wie möglich nach Rom, obwohl er, an einer unheilbaren Fistel erkrankt, kaum reisefähig war. Diese Reise bedeutete daher eine ungeheure Gefahr, denn aufgrund seiner Krankheit mußte er vorsichtig auf Polster gebettet reisen und war damit für viele Tage ein geradezu ideales Opfer für wagemutige Attentäter.

In Florenz selbst gab es durchaus schon Zeichen für ein Auseinanderbröckeln der Koalition, die zum Sturz Soderinis geführt hatte. Z. B. ließ der eben erst zu Amt und Würden gelangte Gonfaloniere Giuglielmo Pazzi am palazzo della signoria demonstrativ die traditionelle blaue Fahne der Republik mit der Aufschrift *libertà* hissen, was von vielen begrüßt wurde.[17]

Die Medici, ihre Spitzel und ihre Polizei waren aber wachsam. Mitte Februar wurde ein junger Mann namens Pietro Paolo Boscoli, der als Medicigegner bekannt war, verhaftet, als ihm ein Blatt aus der Tasche fiel, das eine Liste von etwa zwanzig Namen enthielt, darunter auch den Machiavellis. Mit Boscoli wurde auch dessen engster Freund Agostino di Luca Capponi verhaftet. Auf der Folter gestanden sie, ein Attentat auf Giovanni de' Medici geplant zu haben, beteuerten jedoch, daß die Namensliste nur eine Zusammenstellung möglicher Sympathisanten sei, mit dem geplanten Attentat selbst hätten die verzeichneten Personen nichts zu tun. Die beiden Freunde, die nach ihrem Geständnis in aller Eile enthauptet wurden, starben in dem stolzen Bewußtsein, daß die von ihnen geplante Tat der eines Brutus würdig gewesen wäre. Tyrannenmord war ebenfalls ein anerkannter und geschätzter Teil der *mutazione*, und nur mit ihrem christlichen Gewissen mußten sich die florentinischen Nachfolger des Cäsarmörders ein bißchen quälen.

Auch wenn es keinen Hinweis dafür gibt, daß die Medici selbst diese Verschwörung, die ja eigentlich keine war und wohl auch nie eine geworden wäre, angeregt hatten, sie kam ihnen zumindest nicht ungelegen. Als sich herausgestellt hatte, daß keine wirkliche Gefahr drohte, benutzten die Medici diese Gelegenheit, um endlich den Samthandschuh abzustreifen und die eiserne Faust hervorzukehren. Obwohl dazu nach dem Geständnis der verhinderten Tyrannenmörder keinerlei Veranlassung bestand, wurden alle Personen, die auf der Namensliste gestanden hatten, verhaftet und gefoltert. Auch Machiavelli machte Bekanntschaft mit der Folter, wovon noch die Rede sein wird. Aus Rom kehrte als ›*Bevollmächtigter*‹ der Familie Medici nicht der leutselige Giuliano, sondern der junge und herrschsüchtige Lorenzo zurück, der es nicht für nötig hielt, sich den Bart zu rasieren.[18] Doch auch er mußte bald erkennen, daß Florenz ein schwieriges Terrain war und daß er sich den florentinischen ›Spielregeln‹ nicht ohne weiteres widersetzen konnte.

JACOPO DI CIONE (?)
Der Herzog von Athen wird aus Florenz vertrieben
Fresko im Palazzo Vecchio

Die Spielregeln: Korruption als System

Die florentinische Verfassung, ein Vexierspiegel.

Wie bei den Anhängern der Medici diese Spielregeln aufgefaßt wurden, dafür gibt ein junger Mann mit dem klangvollen Namen Prinzivalle della Stufa ein hervorragendes Beispiel. Er war sozusagen das triviale Gegenbild zu den hochgesinnten florentinischen Caesarenmördern und ein typischer Vertreter jener jungen Leute, die mit Wagemut und Dreistigkeit in der Öffentlichkeit als glühende Parteigänger der einen oder anderen Seite auftraten, während sich die *maggiori momentanei* diskret im Hintergrund hielten. Auch Prinzivalle war ein verhinderter Tyrannenmörder, freilich einer, dem man die Flucht ermöglicht hatte. Er hatte sich schon 1510 an Filippo Strozzi gewandt, und ihm angeboten, den Gonfaloniere aus dem Weg zu schaffen. Strozzi hatte abgelehnt und so lange gewartet, bis Prinzivalle nach Siena geflüchtet war, bevor er den Plan verriet, worauf della Stufa in Abwesenheit zum Tode verurteilt und sein Vater nach Certaldo, etwa zwanzig Kilometer außerhalb von Florenz, verbannt wurde. Der junge Mann konnte also erst wieder nach Florenz zurückkehren, als die Medici vollständig rehabilitiert waren und damit auch Verurteilungen ihrer Anhänger als Rebellen hinfällig wurden.

Der Bericht, den er nach seiner Rückkehr von den Ereignissen des 16. September 1512 in einem Brief gibt, steht in einem eklatanten Gegensatz zu Machiavellis Brief an Donna Alfonsina, und zwar nicht hinsichtlich der berichteten Tatsachen, sondern lediglich im Ton und, daraus folgend, der völlig unterschiedlichen Gewichtung der Ereignisse.[19] Gäbe es nicht äußere Anhaltspunkte, Daten und Namen, so könnte man meinen, daß die berichteten Tatsachen gar nichts miteinander zu tun haben, und doch gehören beide Briefe genauso zusammen wie die rasch hingeworfenen, dynamischen Rötelvorzeichnungen und die strengen, abgezirkelten Kompositionen mancher Fresken der Frührenaissance.

Während für Machiavelli die Rückkehr der Medici die konsequente Folge einer politischen Entwicklung war, die sich weit außerhalb der Mauern der Stadt angebahnt hatte, und wie ein Unwetter über die Stadt hereinbrach, so handelte es sich für della Stufa bloß um eine interne Angelegenheit seiner ›Freunde‹ in der Stadt. Als diese sahen, daß die Gelegenheit günstig war, bewaffneten sie sich und erklärten Giuliano de' Medici rundheraus: »Wir jungen Leute, alle Deine Freunde, wollen, daß Du uns jetzt hilfst, unseren Willen durchzusetzen.« Was sie wollten, war: »eine Regierung ganz in der Hand unserer Freunde«, die »möglichst viele ernährt«. Die Freunde und die Freunde der Freunde hatten also keinerlei hehre politische Ideale, aber sie wollten auch nicht Rache und Zerstörung oder die große Beute, sondern sie wollten lediglich ein paar sichere Pöstchen und wohldotierte Pfründe. Warum es zur Verwirklichung eines so schlichten Zieles einer *mutazione* bedurfte, des Waffenlärms, der Drohung mit fremden Söldnerheeren, der Plünderung einer Nachbarstadt, ist nur verständlich, wenn man in die Geheimnisse des florentinischen Verfassungswesens eindringt.

Die florentinische Verfassung war in den Auseinandersetzungen zwischen den adeligen kaisertreuen Ghibellinen und den bürgerlichen papsttreuen Guelfen entstanden. Ihre Grundform erhielt sie 1293 in den *ordinamenti di giustizia*, einem Markstein in dem schließlich siegreichen Kampf der florentinischen Bürger gegen den Feudaladel. In zweihundert Jahren, bis Italien durch fremde Heere erniedrigt war, wagte nur der abenteuerliche Herzog von Athen, 1343, sie außer Kraft zu setzen. Schon elf Monate später allerdings wurde er aus der Stadt gejagt. Als 1532 Ippolito de' Medici den merkwürdigen Titel »Herzog der Republik Florenz« erhielt, aus dem schließlich das Herzogtum Toskana wurde, da war aus der Verfassung der Republik freilich schon längst der Geist der *ordinamenti* von 1293 verschwunden. Seit ihrem Inkrafttreten nämlich war das theoretische und praktische Herumbasteln an der Verfassung eine wahre Leidenschaft der Florentiner, eine Art kollektiver Suchtkrankheit, von der alle Bürger in der einen oder anderen Weise befallen waren, auch wenn die Änderungen keineswegs allen zugutekamen. Besonders waren natürlich Intellektuelle wie Machiavelli von dieser Sucht erfaßt und die leidenschaftliche Liebe zu ihrer Stadt war nicht zuletzt dadurch bestimmt. Die Spitzfindigkeiten und die unzähligen Änderungen machen es unmöglich, aus dieser ›Konstitution‹ eine klare Linie herauszulesen, und gerade die besten Kenner der Florentiner Verfassungsgeschichte geben zu, daß einige Dinge völlig unklar bleiben.[20] Um der Gefahr zu entgehen, uns in allzuviele Details zu verlieren, erscheint es deshalb am sinnvollsten, nicht so sehr die Institutionen im einzelnen zu beschreiben, sondern vielmehr einen Eindruck zu vermitteln von den Mechanismen ihres Funktionierens bzw. Nichtfunktionierens und der Richtung ihrer Veränderungen.

Allen Veränderungen zum Trotz blieb die Verfassung von Florenz bis zu ihrem Ende einzigartig in der damaligen Welt. Auch in den anderen Republiken der Halbinsel, in Venedig und Genua war der republikanische Geist nicht so lebendig, hatte sich die Abschottung der herrschenden Familien, der *nobili*, früher und definitiver vollzogen als in Florenz. Hier blieben die *modi civili* das Maß aller Dinge, wenn auch oft nur noch zum Schein. Das hieß für den florentinischen Bürger, er sollte einen zunftfähigen Beruf betreiben und mit jedem, der dies auch tat, von gleich zu gleich verkehren. Das hieß aber zugleich für jeden, der nicht das Glück hatte, innerhalb der Mauern von Florenz geboren zu sein, daß er als armseliges oder feindliches Wesen betrachtet wurde. Das passive Wahlrecht besaßen zwar z. B. nach 1494 nur 3200 Personen; bei einer Bevölkerung von 60-70 000 wären das ca. 5%. Aber damit stand die Republik Florenz im Vergleich zu den bürgerlichen Demokratien des neunzehnten Jahrhunderts – z. B. Italien – sehr gut da.[21] Abgesehen von einem solchen Zahlenspiel jedoch wäre es völlig verfehlt, die Demokratie in Florenz mit den Demokratien des neunzehnten Jahrhunderts zu vergleichen. Es ist unsinnig, sie mit modernen Maßstäben zu messen, oder auch nur die *ordinamenti* als direkte Vorläufer moderner Verfassungen zu sehen, weil hier das Individuum eine völlig andere Rolle spielte als im Gefolge der Industriellen Revolution. Das Eigenartige, ja Bizarre der florentinischen Verfassung resultierte vor allem aus der merkwürdigen Spannung zwischen der räumlichen Beschränkung ihrer Gültigkeit und der Komplexität und Aufgabenfülle, die der Staat Florenz zu bewältigen hatte. Die Verfassung war nur für die Bürger von Florenz gültig. Das Stadtgebiet, das heutige *centro storico*, läßt sich bequem in einer halben bis dreiviertel Stunde durchwandern. In dieser räumlichen Beschränkung kannte vor allem unter den ›oberen Dreitausend‹ jeder jeden, nichts konnte verborgen bleiben, und Gerüchte machten in Windeseile die Runde. Doch zu diesem beschränkten Kreis gehörte ein Staatsgebiet, das nach dem Wiedergewinn von Pisa 1509 ungefähr zwei Drittel der heutigen Toskana umfaßte und damit zu den größten der Halbinsel gehörte, ein politisches und territoriales Gebilde, dessen Stimme bei allen politischen Entscheidungen in Europa und im Mittelmeerraum eine Rolle spielte. Infolgedessen erwuchs in Florenz ein bürokratisches Bauwerk, ein Staatsapparat im wahrsten Sinne des Wortes, der an Kompliziertheit und Schwerfälligkeit wohl erst im zwanzigsten Jahrhundert wieder übertroffen wurde, der aber doch in ständiger, geradezu hektischer Bewegung war.

Um die Grundzüge der Verfassung zu beschreiben, geht man am besten von der Form aus, die sie zu Beginn des fünfzehnten Jahrhunderts hatte, also bevor die Medici unter Cosimo dem Alten und dann Lorenzo dem Prächtigen zu Herren der Stadt wurden. Die wichtigsten Organe der Stadt waren eng verknüpft mit der Einteilung der Stadt in Viertel und Standarten. Es gab – und gibt – das Viertel von Santo Spirito oder Oltrarno, Santa Croce, Santa Maria Novella und San Giovanni. Jedes Viertel wiederum war in vier *gonfaloni* (Standarten) eingeteilt, die nach ihrem Wappen bezeichnet wurden, z. B. die Leiter, die Muschel, der Goldene Löwe usw.[20a] Entstanden als Einteilung der Stadt für die Bürgerwehr im Kampf gegen den Feudaladel, waren die Standarten stolzes Symbol der Bürgerfreiheit, und jedermann war verpflichtet, seiner Standarte zu folgen, wenn sie unter Sturmgeläut bei Gefahr oder zum Zeichen des Jubels durch die Straßen zur piazza della signoria getragen wurden.

Die ›Regierung‹ von Florenz, die Signoria, wurde gebildet aus einem Gremium von neun Prioren, jeweils zwei Prioren pro Stadtviertel, und einem neunten, der unter dem Titel des *gonfaloniere di giustizia* den Vorsitz führte und reihum von einem Stadtviertel gewählt wurde. Den Prioren standen als Beratungsgremium die sechzehn Vorsitzenden der *gonfaloni* und die zwölf *buonomini* bei, zu denen jedes Stadtviertel zwei Vertreter wählen konnte. Entscheidungen der Signoria waren nur dann gültig, wenn eine Zweidrittelmehrheit zustandekam. War bei so vielen Beteiligten (siebenunddreißig) an sich schon eine rasche Entscheidung nur schwer möglich, so mußte jeder Gesetzesvorschlag ebenfalls mit Zweidrittelmehrheit den *consiglio del popolo* (zehn pro gonfalone) und den *consiglio del comune* passieren. Dieser schwerfällige Apparat aber war ein äußerst labiles Gremium, denn die Mitglieder wechselten ständig: Die neun Prioren der Signoria wurden alle zwei Monate gewählt, die sechzehn *gonfalonieri* alle vier, die zwölf *buonomini* alle drei und die beiden gesetzgebenden Räte alle vier Monate. War die Ehre auch kurz, so war sie doch beträchtlich und bewegte die ganze Stadt: Alle zwei Monate, wenn der *gonfaloniere* gewählt wurde, ruhten alle Geschäfte. Von den Bürgern hinter ihren Standarten begleitet, übernahm er das Zeichen seiner Amtswürde, den weißen Schild mit dem roten Kreuz, und bezog den Signorenpalast, den er für die Dauer seiner Amtszeit nicht mehr verlassen durfte. Die Tore waren nur von außen zu öffnen! Dafür bekam er Diener, Sänger, eine hervorragende Küche und alle sonstigen Bequemlichkeiten gestellt.

Neben diesen Ehrenämtern gab es noch eine große Zahl von besoldeten Ämtern, die ebenfalls in regelmäßigen, wenn auch nicht ganz so kurzen Abständen besetzt werden mußten. Sie hießen *uffici interni et externi*, denn neben Verwaltungsaufgaben in Florenz selbst – wie z. B. die Handelsaufsicht, die *sei della mercanzia*, die Finanzbehörde, die *ufficiali di monte*, usw. – umfaßten sie auch die Vertretung in den Städten des Florentiner Hoheitsgebietes, sowie die Ämter des *capitano del popolo* und des *podestà* in den unterworfenen Städten Arezzo, Pisa, Siena u. a. Die Bewerber für diese Posten empfahlen sich als z. B. ›hochverschuldet‹ oder mit ›mehreren unverheirateten Töchtern‹ belastet[22] – ein entwaffnend offener Hinweis auf künftige Bestechlichkeit, den aber wie es scheint offenbar niemand besonders anstößig fand.

Palazzo Vecchio
Ausschnitt aus dem
sogenannten
›Kettenplan‹ von 1472

Es war also eine große Zahl von wichtigen Ämtern ständig neu zu besetzen. Allein für die sogenannten *tre maggiori* der Signoria, die Prioren, *gonfalonieri* und *buonomini* mußten jährlich 150 Personen gewählt werden, die hauptsächlich aus den sieben großen Zünften zu kommen hatten, einem Kreis von etwa 3500 Personen. Die Zünfte selbst besaßen eine ähnlich komplizierte Organisation mit eigenen Beamten, eigener Polizei usw., deren Aufgabenbereiche sich mit den staatlichen überschnitten, und die ebenfalls in kurzen Abständen neugewählt wurden. Als Ausgleich gegen diese rasende Ämterrotation funktionierte in gewissem Grade der Wahlmodus, der aber wiederum so kompliziert war, daß er zum Angelpunkt für Manipulationen aller Art werden mußte. Die Wahl erfolgte in zwei Stufen. Nur alle fünf Jahre wurde auf Vorschlag der Gonfalonieri in den Stadtbezirken eine große Zahl von Kandidaten gewählt, deren Namen in einem Sack verschlossen wurden (*imborsazione*), aus dem wiederum, wenn ein Amt zur Wahl anstand, ein Name wie ein Los gezogen wurde. Diese zweite Wahl, das Losverfahren, wurde aber dadurch kompliziert, daß vor dem Wahlgang besondere Beamte, die sogenannten *accoppiatori* – die wiederum von einer eigenen Wahlsonderkommission eingesetzt wurden –, diejenigen Kandidaten auszusondern hatten, die für dieses spezielle Amt nicht in Frage kamen, z. B. wegen ihres jugendlichen Alters, wegen eines gerade im Amt befindlichen Verwandten, wegen Schulden usw.

Dieses Gesamtkunstwerk von Verfassung, in dem die Prinzipien von Machtverteilung, Ämterrotation und Wählbarkeit der Ämter auf die Spitze getrieben waren, ist hier lediglich in Umrissen beschrieben. Um wenigstens in Krisenzeiten rasche und konzentrierte Entscheidungen zu ermöglichen, mußte eine Sonderkommission, eine *balìa*, eingesetzt werden, deren Befugnisse und Amtsperiode aber begrenzt waren. Auch für die Überwachung der Wahlen wurden *balìe* eingesetzt.

Diese Sonderkommissionen, in denen bisweilen mehrere hundert Mitglieder saßen, und durch sie die *accoppiatori*, waren die Hebel, mit denen die Medici ihre Machtbasis schufen. Ohne selbst in den Vordergrund zu treten, konnten sie über die Besetzung der *balìa* mit ihren Anhängern praktisch alle Ämter kontrollieren. Die Rivalen der Medici, die großen Familien, wurden ausgeschaltet, indem immer mehr ›Neue‹ (*gente nova*), die ganz von der Gunst der Medici abhingen, die Ämter besetzten. Die Herrschaft der Medici war auf diese Weise stabil, aber doch aufs äußerste gefährdet. Mit kleinen, aber entscheidenden Verfassungsänderungen, z.B. der Auswahl statt des Losverfahrens, hatten sie den Staat wie mit unsichtbaren Zügeln in der Hand. Das eigentliche Machtzentrum lag, und das wußte jeder, beim Familienoberhaupt der Medici, und die verfassungsmäßigen Organe waren nur ausführende Diener. Wenn aber dieses Machtzentrum versagte, wenn konfuse oder gar keine Entscheidungen getroffen wurden, wie unter Piero dem Pechvogel, dann geriet das Bauwerk ins Wanken und brach schnell zusammen.

Durch die Änderungen, die nach dem Sturz der Medici 1494 ›zur Wiederherstellung der Republik‹ eingeführt wurden, waren zwar die Manipulationsmöglichkeiten ausgemerzt, die die Medici genutzt hatten. Dafür aber wurde die Macht ganz offen denen in die Hände gelegt, die von den Medici an die Wand gedrückt worden waren, nämlich den großen, mit den Medici rivalisierenden Familien. Vorbild war die venezianische Verfassung mit ihrer rigorosen Abschottung der führenden Familien, die den Staat in der Hand hielten. Dem neu geschaffenen Großen Rat, der gesetzgebende Instanz und Wahlgremium zugleich war, durfte jeder angehören, der selbst oder bis auf den Urgroßvater zurück auf die Bekleidung höchster Ämter verweisen konnte. Die ca. 3000 Personen, die schließlich diesem Rat angehörten, tagten zu jeweils 500 Personen in der eigens dafür im Palazzo della Signoria eingerichteten *sala dei cinquecento*. Diesem Rat übergeordnet war als beratendes Gremium für die Signoria eine Art Senat aus achtzig Personen, die zusammen mit anderen Gremien den sogenannten *consiglio dei Richiesti* bildeten. Die *balìa* für auswärtige Angelegenheiten wurde zu einer Dauereinrichtung und schließlich wurde 1502 auch der *gonfaloniere di giustizia* auf Lebenszeit gewählt. Wie im Großen Rat, diesem Mammutkollegium, Entscheidungen zustandekamen, wenn sie überhaupt zustandekamen, kann man sich nur schwer vorstellen, zumal es in den florentinischen Räten bei Strafandrohung verboten war, gegen einen Gesetzesvorschlag zu sprechen. Eine ›Diskussion‹ fand also nur unter rhetorischen Verrenkungen, bzw. woanders statt. ›Regierbar‹ war diese Republik überhaupt nur, wenn der gonfaloniere mit Hilfe eines ihm ergebenen Senates den Großen Rat schonungslos manipulierte. Und dazu ergab sich nicht nur im Palazzo, sondern auch auf Straßen und Plätzen ausreichend Gelegenheit. Gelang dies nicht, versank der Staat in hoffnungsloser Immobilität und konnte nur auf die fällige *mutazione* warten, die wieder alles umkrempelte.

Nicht erst 1512 stand daher Florenz »am Sarge seiner Freiheit«[25]. Die Rückkehr der Medici bedeutete sogar, der äußeren Form nach, eher eine Rückkehr zu den ursprünglichen Verfassungsformen, mit ihrer Ämterrotation, ihrem komplizierten Wahlmodus, ihren tausend lukrativen Posten. Aber die Medici hielten sich jetzt nicht einmal mehr im Hintergrund, sondern traten selbst als *accoppiatori* auf, die die richtigen Leute an die richtige Stelle setzten.

Das Werk der Aushöhlung der Republik hatten so zwar die Medici begonnen, indem sie sich die Tatsache zunutze machten, daß die Überspanntheiten der Verfassung ein Funktionieren des Staates mit seinen wachsenden Aufgaben nach innen und außen verhinderten. Aber nach ihrer Vertreibung war die neue Verfassung ebenfalls nichts als ein Machtinstrument, dessen sich nun zur Abwechslung die Rivalen der Medici bedienten – und noch dazu eines, das unter der Last seines Eigengewichtes zusammensackte. Auch wenn man stolz im Gewand des Brutus einherging, so versteckte es doch zumeist nur das Ebenbild eines Prinzivalle della Stufa.

Das mühsame Geschäft der Korruption

Auch wenn die Verlierer vom Sieg der Tyrannis über die Demokratie sprachen, waren sie sich doch wohl bewußt, daß die in der Verfassung selbst angelegten Manipulationsmöglichkeiten eine weniger pathetische Sicht der Ereignisse nahelegten. Die Bereitschaft, sich den Medici zur Verfügung zu stellen, bedurfte keinerlei Rechtfertigung, sondern war mehr eine Frage der persönlichen Loyalität, Geschicklichkeit und nicht zuletzt finanzieller Unabhängigkeit.

Machiavelli geriet durch den Verlust seiner Posten in Not. Seine Familie gehörte zwar durchaus zu den ›oberen Dreitausend‹, dem *popolo grasso*. Er bewohnte das ererbte Haus der Familie in der heutigen via Guicciardini Nr. 16, und seine Familie konnte auf fünfzig Prioren- und zwölf Gonfalonierenämter verweisen. Was aber Machiavelli fehlte, um zu den wirklich einflußreichen Familien zu gehören, war die *bottega*, ein gewinnbringendes Geschäft. Auch Machiavellis Vater war Jurist gewesen, eine Zeitlang Schatzmeister in den Marken, und Machiavelli sagte von sich selbst, daß er »weder von Seide noch Wollweberei, weder von Gewinn noch von Verlust zu reden« wisse. (An F. Vettori, 9. April 1513) Die 200 Florin Jahresgehalt, die in minderen Münzen zu nur vier statt sieben Lire ausgezahlt wurden und noch einigen Abzügen unterlagen, waren kein glänzendes Gehalt, wenn man bedenkt, daß z. B. für das ›Ehrenamt‹ des Gonfaloniere di Giustizia *monatlich* allein 300 Florin von der Staatskasse bereitgestellt wurden. Es hatte jedoch genügt, Machiavellis eingestandene »Gewohnheit, Geld auszugeben« (an F. Vettori, 10. Juni 1514) zu ermöglichen, und der Verlust eines regelmäßigen Einkommens brachte ihn mit der Zeit in arge Bedrängnis – er hatte schließlich Frau und Kinder zu versorgen.

Konnte sich Machiavelli noch eine Zeitlang in der Hoffnung wiegen, seine Anbiederungsversuche würden in absehbarer Zeit Erfolg haben, so fand diese Hoffnung durch die Verhaftung nach Entdecken der ›Verschwörung‹ vom Februar 1513 ein abruptes Ende. Er wanderte in den riesigen, völlig fensterlosen Bau, der ein paar Straßenkreuzungen von der piazza della signoria entfernt an der via Ghibellina lag, dort, wo heute das Teatro Verdi steht.

Auch nach seinem Abriß im frühen 19. Jahrhundert hat sich der volkstümliche Name *Le Stinche* – nach einer eroberten Festung im Grevetal – auf das neue nur wenige hundert Meter entfernt liegende Gefängnis übertragen. Die Stinche waren nicht nur wegen ihrer ständigen Überbelegung und der völlig lichtlosen Verliese berüchtigt, sondern vor allem wegen der schamlosen Ausbeutung, denen die Insassen von seiten der Gefängnisverwalter ausgesetzt waren. Die Verwalter trugen den bezeichnenden Namen *Superstiti*, was sowohl als ›Überlebende‹, als auch als ›Aufseher‹ verstanden werden kann. Das Amt dieser *Superstiti* gehörte zu den begehrten Ämtern, die alle sechs Monate durch das Los neu zu besetzen waren. Die Folter, der sich Machiavelli im Gefängnis unterziehen mußte, war nicht etwa eine Strafe, sondern gehörte zum Untersuchungsverfahren, und zwar für eine große Zahl von Verbrechen, auch für solche, für die keineswegs die Todesstrafe drohte. In der Grausamkeit gegenüber vermuteten oder überführten Verbrechern hatte sich in der Renaissance gegenüber dem Mittelalter nichts geändert: Bei der unter dem Namen Colla oder Girella bekannten Tortur wurde der Verdächtige, nur mit einem Hemd bekleidet, an Armen und Beinen mit Steinen beschwert und dann mit nach hinten gebundenen Armen an einem Flaschenzug langsam hochgezogen und wieder heruntergelassen, »wobei jedes Glied zu zer-

Wahrheitsfindung durch Folter

reißen drohte.«[24] Ein Geständnis war aber nur dann gültig, wenn es nach Beendigung der Folter, also ›freiwillig‹ abgelegt wurde. Das Grauen des Kerkers und der Folter hat Machiavelli in einem Sonett an Giuliano de Medici drastisch formuliert; aus ihm spricht wohl auch die Verzweiflung eines Mannes, der trotz demütigender Selbsterniedrigung keine Gnade gefunden hat.

Sonett an Giuliano de' Medici
Ich hab', Giuliano, ein paar Eisen an den Beinen
und sechs Mal hat man mit dem Seil mich hochgezogen
und auch die anderen Leiden will ich Euch erzählen
denn so behandelt man hier die Poeten.

Die Wände tragen Läuse hier
so groß und dick, daß sie wie Schmetterlinge scheinen
und niemals gab es solchen Gestank in Roncisvalle*
noch jemals in Sardiniens Wäldern

Wie hier in meiner angenehmen Herberge
mit einem Lärm, daß es grad scheinen will
als ließe Jupiter all seine Blitze auf die Erde los.

Einer wird angeschnallt, der andere losgemacht
es schlagen Türen, man hört Riegel, Schlösser
ein anderer schreit dort: viel zu hoch über der Erde!

Was mir am ärgsten zusetzt, ist
daß ich des nachts gegen die Morgenröte zu
zu hören krieg: »pro eis ora«**

Laß sie doch ziehen
wenn Dein Erbarmen nur sich zu mir wendet
der Du den Namen von dem Vater und dem Urgroßvater trägst.***

Io ho, Giuliano in gamba un paio di geti
con sei tratti di fune in su le spalle.
L'altre fatiche mie vi vo' contalle,
poi che cosi si trattano e' poeti.

Menon pidocchi questi parieti
grossi et paffuti che paion farfalle,
nè mai fu tanto puzzo in Roncisvalle,
nè là in Sardignia tra quegli arboreti.

Quanto è nel mio più delicato ostello,
con un romor che par proprio che 'n terra
fulmini Giove tutto mongibello.

L'un si scatena et quell'altro si sferra,
combattono usci, toppe et chiavistello,
quel altro grida: troppo alto, d terra.

Quel che mi fe' più guerra
è che stanotte, presso all'aurora,
io comincia a sentir: pro eis ora.

Hor vadino in buonhora,
purchè la tua pietà vêr me si volga,
ch'al padre et al bisavo el nome tolga.

* aus dem *Orlando furioso* von Ariost
** bete für sie
*** bezieht sich auf den Beinamen ›Il Magnifico‹

Daß Machiavelli nach einem Monat Kerkerhaft das Tageslicht wieder erblicken konnte, verdankte er nicht etwa dem Beweis seiner Unschuld oder der Fürsprache Giulianos, dem er noch zwei weitere Sonette und nach seiner Freilassung auch einen Korb Krammetsvögel zukommen ließ. Der Grund war eine allgemeine Amnestie anläßlich eines Ereignisses, das ganz Florenz in Taumel versetzte und der Stadt völlig neue Perspektiven eröffnete: die Wahl Giovanni de' Medicis – als Leo X. – zum Papst.

Das Konsistorium war schon unter Julius II. Schauplatz der erbitterten Schlachten zwischen den Familien Soderini und Medici gewesen. Durch die Witwe von Piero lo Sfortunato waren die Medici zudem in Rom dem einflußreichen Clan der Orsini verbunden und deshalb konnte automatisch die Gegenpartei auf die Hilfe der Orsini-Rivalen, der Familie Colonna, rechnen. Wie schwer es ist, in diesen Auseinandersetzungen mit moralischen Maßstäben zurechtzukommen, zeigt die Beurteilung des Kardinals Francesco Soderini, des Bruders des 1512 gestürzten gonfaloniere. Während er von den einen als »guter Geistlicher« und starke Persönlichkeit eingestuft wird, gilt er den anderen als typischer »*uomo doppio*«[25] dieser Zeit. Solange die Medici in Florenz noch nicht durch die Verteilung von Ämtern ihre Partei stärken konnten, taten sie ihr Möglichstes im Rahmen der Kirche. Ein Orsini verzichtete z. B. großzügig auf den schönen Posten des Erzbischofs von Florenz, so daß ihn der Florentiner Cosimo Pazzi erhalten konnte, der wiederum sehr wohl wußte, wem er diese Gunst zu verdanken hatte.

Obwohl auch Francesco Soderini Chancen hatte, Papst zu werden, traute er seinem Glück nicht und versuchte durch einen abrupten Positionswechsel, sich den neuen Papst zu verpflichten. Seine Unterstützung für Giovanni Medici gab den Ausschlag, daß dieser trotz seines jugendlichen Alters nach achttägigem Konklave einstimmig gewählt wurde. Als Anerkennung für diese Unterstützung rief der Papst den gestürzten Gonfaloniere aus der Verbannung zurück, hieß ihn nach Rom kommen, und es wurden Heiratspläne zwischen den Familien Medici und Soderini geschmiedet, die sich freilich wieder zerschlugen. Der aus Sizilien zurückgekehrte Piero Soderini kaufte sich in Rom den Palazzo Montecitorio, der groß genug ist, um das heutige italienische Parlament zu beherbergen. Daß er sich dem Papst so schnell gebeugt und Rom Florenz vorgezogen hatte, kostete ihn in seiner Heimatstadt alle Sympathien, während Kardinal Francesco nun eine einflußreiche Persönlichkeit in Rom war.

Die Nachricht von der Wahl Leos X. am 11. März 1513 erreichte Florenz mittels Feuerzeichen in nur zehn Stunden nachts zwischen zwei und drei Uhr. Unter dem Geläut aller Kirchenglocken strömten die Menschen mit Fackeln auf die Straßen, überall wurden Feuer entzündet und die sonst in der Nacht totenstille Stadt mit Lärm erfüllt. Die Freude galt natürlich der Tatsache, daß zum ersten Mal ein Florentiner, ein Mitglied des Hauses Medici, den Stuhl Petri bestieg, aber in ganz Europa verband sich mit der Wahl Leos X. die Hoffnung auf friedlichere Zeiten als unter dem kriegerischen Julius II., hoffte man doch, Giovanni verfüge über dasselbe diplomatische Geschick wie sein Vater. Kaum ein halbes Jahr nachdem fremde Heere Stadt und Staat in ihrer Existenz bedroht hatten, und nur mit der Deckung der Söldnerbanden die Medici nach Florenz zurückgekehrt waren, verfiel die Stadt in einen medicischen Taumel. Weil man das Wappen der Medici nicht schnell genug in Stein hauen konnte, wurde es auf Leinwand gemalt an Kirchen und Palästen drapiert, Umzüge marschierten durch die Straßen, und auf den Plätzen wurden Freudenfeuer entzündet. Auch die Medici sparten nicht mit antiken Gewändern, auf großen Wagen wurde in mythologischen Bildern und Figuren das neue Regime verherrlicht und Maler und Bildhauer wie Andrea del Sarto, Pontormo und Baccio Bandinelli waren sich für solche Aufgaben nicht zu schade. Auf einem Wagen wurde die Wahl

GIORGIO VASARI
Triumphaler Einzug Leos X. in Florenz

Leos X. als der Beginn des goldenen Zeitalters gefeiert: »auf einer *palla* in Form einer Erdkugel lag niedergestreckt ein Mann mit verrosteten Waffen in der Hand und einer riesigen Wunde auf dem Rücken, aus der als Sinnbild der neuen Zeit ein ganz und gar vergoldeter Knabe sich erhob.«[26] Das Sinnbild des goldenen Zeitalters starb nach wenigen Tagen an den Folgen der Vergoldung.

Der aus dem Gefängnis entlassene Machiavelli glaubte, daß diese neue Wendung der Dinge für Florenz auch ihm ganz persönlich wieder zu seinem Glück verhelfen könne. Es war bei jeder Papstwahl üblich, daß die Mitbürger des Neugewählten nach Rom strömten, um sich möglichst in die Liste der ›Angehörigen‹ des Papstes einschreiben zu lassen, einen Posten zu ergattern oder gar in einem päpstlichen Breve eine besondere Gunst gewährt zu bekommen. Außerdem war mit jeder Papstwahl eine Amnestie verbunden, eine Flut von neuen Kardinalsernennungen und sonstige geistliche Beförderungen. Unter dem Borgia-Papst Alexander VI. strömten die Spanier nach Rom, unter Leos Vorgänger Julius war Genua an der Reihe, aber der Ansturm der Florentiner setzte auch die abgebrühtesten Beobachter des Lebens am päpstlichen Hofe in Erstaunen. Die Umgebung des neuen Papstes war gleichsam ein Gotha der florentinischen Bürgeraristokratie: Schatzmeister war ein Pazzi, Filippo Strozzi überwachte den Eingang der päpstlichen Finanzen, Francesco Guicciardini wurde einer der wichtigsten Verwaltungsbeamten im Kirchenstaat, und drei Florentiner Geistliche, darunter zwei aus der Familie Medici selbst, erhielten den Kardinalshut. Es gab so viele Florentiner in Rom, daß ihnen mit San Giovanni de'Fiorentini eine eigene Kirche erbaut wurde, und der beklagenswerte Zustand der kurialen Finanzen gegen Ende des Pontifikats Leos X. wurde nicht zuletzt auf ihre beispiellose Raffgier zurückgeführt.

Machiavelli konnte, da ihm ja verboten war, das Gebiet von Florenz zu verlassen, nicht selbst nach Rom kommen, aber er hoffte auf seinen Freund Francesco Vettori, den Gesandten der Republik Florenz in Rom, als einflußreichen Fürsprecher für sich und seinen Bruder Totto, der die geistliche Laufbahn eingeschlagen hatte. Vettoris Bruder Paolo, einer der eifrigsten Medicianhänger während der *mutazione*, war in Florenz für wichtige Ämter vorgesehen, vielleicht fiel davon ja etwas ab. Machiavelli wiegte sich auch in der Hoffnung, noch einen weiteren wichtigen Fürsprecher in Rom zu haben: den Kardinal Soderini. Viel-

PINTURICCHIO
Vor dem päpstlichen Palast in Rom

leicht, so mußte seine Überlegung sein, konnte seine Wiederbeschäftigung im Dienste der ›Republik‹ eines jener Zeichen sein, mit denen die Versöhnung zwischen den Soderinis und den Medici bekräftigt wurde. Aber in Wirklichkeit existierte eben keine Republik mehr, und auch von Versöhnung war nur in schönen Worten die Rede. Der Briefwechsel mit Vettori kurz nach Machiavellis Freilassung zeigt ihn in der Rolle eines Bittstellers, der im Gedränge am päpstlichen Hofe nicht recht zum Zuge kommt.

NICCOLÒ MACHIAVELLI an FRANCESCO VETTORI
13. März 1513

Erlauchter Herr.
Wie Ihr wohl von Pagolo Vettori gehört habt, konnte ich mein Gefängnis verlassen, getragen von der allgemeinen Feststimmung hiesiger Stadt, aber doch wohl auch auf Grund von Pagolos und Euren Bemühungen, für die ich Euch danke.

Die lange Geschichte meines Unglücks will ich nicht wiederholen; es kam eben alles zusammen, mir dieses Unrecht zuzufügen. Nun, gottseidank ist's vorüber und ich hoffe, nicht nocheinmal so hineinzugeraten, weil ich meinerseits vorsichtiger sein werde und weil doch eine liberalere, nicht mehr so argwöhnische Zeit angebrochen ist.

Ihr wißt, in was für einer Lage unser Messer Totto ist. Ich lege ihn Euch und Pagolo in jeder Hinsicht ans Herz. Er und ich wünschen im besonderen nur, näher zum Papst zu kommen, einmal berücksichtigt und angestellt zu werden. Das ist unsere Bitte an Euch.

Haltet mich nach Möglichkeit bei seiner Heiligkeit warm, damit einmal ein Anfang gemacht würde, daß er oder jemand von den Seinen mich möglicherweise als Mitarbeiter gewinnt, denn ich würde Euch sicher Ehre machen und mir wäre geholfen.

Francesco Vettori an Niccolò Machiavelli
15. März 1513

Geehrtester Gevatter!
In den letzten acht Monaten habe ich soviel Schmerzen gehabt, wie nie in meinem Leben, auch manche, von denen Ihr nichts wißt. Aber nichts war mir so schmerzlich wie die Nachricht von Eurer Verhaftung, denn ich ahnte sogleich, daß Ihr völlig unschuldig die Folter würdet erdulden müssen, wie es denn ja leider auch gekommen ist. Es bekümmert mich, daß ich Euch nicht hilfreich sein konnte, wie es Euer Vertrauen in mich verdiente. Es war mir sehr schmerzlich, die eilige Mitteilung durch Euren Totto zu bekommen und doch nichts für Euch tun zu können. Ich tat's ohne Zögern, als der Papst ernannt war und erbat mir keinen anderen Gnadenerweis als Eure Freilassung; ich bin froh, daß die inzwischen schon erfolgt war ...

NICCOLÒ MACHIAVELLI an FRANCESCO VETTORI
18. März 1513

Erlauchter Herr Gesandter.
Euer Brief ließ mich in seiner Herzlichkeit alle überstandenen Leiden vergessen und ob ich gleich Eurer Zuneigung mehr als gewiß bin, war mir dieser Brief doch ganz besonders lieb. Ich danke Euch aus dem Grund meiner Seele dafür und bitte Gott, daß er mir Gelegenheit geben möge, zu Eurem Nutzen und Wohle mich erkenntlich erweisen zu können, denn den Rest meiner Tage verdanke ich nun dem erlauchten Giuliano und Eurem Pagolo.

Und insoweit es darum geht, dem Schicksal die Stirn zu bieten, so wird es Euch freuen, zu hören, daß ich meine Leiden gelassen ertrug, was mir selber wohltut, und daß ich mehr von mir halte, als ich je geglaubt habe. Wenn es meinen Gönnern gefällt, mich aus dem Staub zu erheben, so werde ich mich so verhalten, daß sie alle Ursache haben, es nicht zu bereuen. Gefällt es ihnen nicht, so werde ich leben wie gehabt; ich bin arm geboren und lernte früher entbehren, als genießen.

FRANCESCO VETTORI an NICCOLÒ MACHIAVELLI
30. März 1513

Mein lieber Gevatter.
Seit der Wahl des neuen Pontifex erhielt ich zwei Briefe von Euch und von Eurem Bruder Totto, der mich um dasselbe bittet wie Ihr in dem ersten Brief, nämlich, daß ich mich dafür verwenden soll, daß er in die Liste der Familiaren des Papstes aufgenommen wird. Das habe ich von Seiner Heiligkeit auch erreicht. Wegen der großen Zahl, die er aufgenommen hat, wurde weder der Name Tottos noch der unzähliger anderer von der päpstlichen Kammer genehmigt. Dort sagen sie nämlich, daß die kirchlichen Ämter verderben, weil eine so große Zahl von Familiaren die Pfründen nützen können ohne etwas davon abzuführen, und so bringen sie nichts ein. Wenn das ganze Durcheinander kurz nach der Wahl vorüber ist, will ich es noch einmal probie-

ren und mein möglichstes tun. Sicher habt Ihr Euch schon gefragt, ob ich mich genügend angestrengt habe, wo ich doch durch Zufall als Botschafter bei der Wahl eines florentinischen Papstes zugegen war, und es trotzdem nicht einmal fertiggebracht habe, jemand in die Liste der Familiaren einzuschreiben. Ich muß gestehen, das ist wohl wahr, und liegt zum größten Teil an mir, der ich einfach nicht in der Lage bin, mir und den anderen nützlich zu sein. Diese meine Aufgabe als Botschafter stand von dem Moment, wo Ihr vor dem Hause anwesend wart, unter einem unglücklichen Stern ... (Bei der Wahl Leos X.) hatte ich nur Ausgaben, und wenn ich sie wieder hereinhaben könnte, wird ein anderer an meiner Stelle sein. So habe ich meine Ehre und 500 Dukaten drangegeben ...

Niccolò Machiavelli an Francesco Vettori
9. April 1513

Erlauchter Herr Botschafter!
... Euer Brief hat mich mehr erschüttert als die Folter. Alles, was Ihr schreibt schmerzt und empört mich um Euretnicht um meinetwegen, denn ich bin schon daran gewöhnt, nichts mehr mit Herzen zu wünschen. Ich bitte Euch, benehmt Euch wie die anderen, die sich mit Zudringlichkeit und Schlauheit, statt mit Geist und Klugheit, den Weg bahnen. Die Nachricht, daß Totto nicht in die Liste der Familiaren des Papstes aufgenommen worden ist, mißfällt mir, wie Sie Euch mißfällt. Ich denke schon nicht mehr daran; wenn er sich nicht drehen kann, mag er sich wälzen. Ich sag Euch für immer, belastet Euch mit nichts, was ich von Euch erbitten mag, denn wenn ich es nicht erlange, weine ich ihm nicht nach ...

Ich höre, daß der Kardinal Soderini mit dem Papste sehr vertraut tut. Ich möchte Euren Rat, ob es sinnvoll wäre, ihm einen Brief zu schreiben, daß er mich Seiner Heiligkeit empfiehlt, oder ob es besser wäre, daß Ihr einfach mit ihm sprecht, oder ob man weder das eine noch das andere tun sollte. Gebt mir darüber, bitte, Bescheid.

Francesco Vettori an Niccolò Machiavelli
9. April 1513

Teurer Gevatter Niccolò!
Wenn ich nicht an Eure Angelegenheiten dächte, würde ich nicht an die meinigen denken. Seid überzeugt, daß ich eine Erhebung von Euch zu Ehren und Besoldung nicht geringer als eine mir erwiesene Gunst anschlagen würde. Ich bin mit mir zu Rate gegangen, ob es gut sei, dem Kardinal von Volterra von Euch zu sprechen. Mein Schluß war: nein! Denn obschon er sehr rührig ist und offensichtlich das Vertrauen des Papstes genießt, so gibt es doch hier eine Menge Florentiner, die gegen ihn sind, und es wäre wohl nicht zweckmäßig, wenn er Eure Angelegenheit zur Sprache brächte. Ich weiß nicht einmal, ob er es gern täte, denn Ihr wißt, was für ein vorsichtiger Mensch er ist. Und schließlich weiß ich nicht einmal, ob ich selber der richtige Vermittler zwischen Euch und ihm wäre; er hat sich mir zwar freundlich gezeigt, aber nicht in dem Maße, wie ich es erwartet hätte. Ich glaube, mein Eintreten für Piero Soderini hat viele verärgert und bei dem Rest wenig Dank eingetragen, aber ich begnüge mich damit, meiner Stadt, meiner Freundschaft mit Piero und mir selber gegenüber mit Anstand gehandelt zu haben.

Raffael
Leo X. mit den Kardinälen Luigi Rosso und Giulio de'Medici
(später Papst Clemens VII.)

Die Hoffnung, durch bloße Fürsprache von für einflußreich gehaltenen Freunden wieder eine Beschäftigung zu finden, erwies sich als immer fadenscheiniger. So mußte sich Machiavelli auf das besinnen, was er außer dem Versprechen treuer Dienste noch zu bieten hatte. Der Briefwechsel mit Vettori widmete sich zu einem guten Teil der Analyse politischer Probleme, und Vettori ließ an verschiedenen Stellen deutlich erkennen, daß er sie dem Papst zeigen wolle, »wenn ich es für zweckmäßig halte« (an F. Vettori, 3. Dez. 1514). Daraufhin stürzte sich Machiavelli in ausführlichste Erörterungen der komplizierten Frage, wie sich der Papst zu verhalten habe, wenn Frankreich im Bündnis mit England und Venedig das Herzogtum Mailand gegen den Widerstand Spaniens, des Kaisers und der Schweizer wiedergewinnen wolle. An solchen und ähnlichen Erörterungen galt es gegenüber Leo X. nicht nur politisches Fingerspitzengefühl zu demonstrieren, sondern auch sprachliche und literarische Qualitäten. Denn Leo umgab sich nicht nur mit Florentinern aus den besten Familien, sondern auch mit den angesehensten Intellektuellen und Künstlern seiner Zeit. Sekretäre des Papstes waren u. a. der Venezianer Pietro Bembo, der als erster eine Art Grammatik der italienischen Sprache verfaßte, und Bernardo Dovizi, Autor einer äußerst freizügigen Komödie. Mit Künstlern wie Raffael und Michelangelo waren Rom und der Vatikan zum Olymp der italienischen Kultur geworden. Machiavelli freilich fand zwar ein paar anerkennende Worte, aber keine Aufnahme in diesen Kreis. Das lag sicher nicht daran, daß Leo X. Machiavellis Prosa nicht geschätzt hätte, sondern daran, daß er doch erst in zweiter Linie Mäzen, in erster aber Familienoberhaupt der Medici war. Auch die Tiara war da nur Mittel zum Zweck.

Aber Machiavelli gab sich noch nicht geschlagen, er glaubte immer noch daran, bei den Medici eine seinen Erfahrungen entsprechende Aufgabe zu finden. Er wollte und wollte nicht einsehen, daß gerade er sich ganz besonders gut als Exempel dafür eignete, was einem passieren konnte, wenn man die falsche Partei ergriffen hatte. Gerade die Beteuerung seiner Treue schlug dabei negativ zu Buch. Auch unter ›seiner‹ Republik war Machiavelli immer dann auf Reisen geschickt worden, wenn ein Mann gebraucht wurde, der möglichst unauffällig die Dinge beobachten konnte.[26a] Gerade ein solcher »Mann ohne große Autorität«, der es zudem nicht verstanden hatte, kraft seines Amtes und seiner Aufträge genügend geheime Fäden zu spinnen, mit denen er andere in der Hand hatte, war bestens geeignet als ausgesuchtes Opfer der neuen Herren. Auch Machiavellis Versuch, zu den Soderinis auf Distanz zu gehen, konnte da wenig nutzen, oder ließ ihn erst recht zwischen alle Stühle fallen. Daß Machiavelli trotzdem immer wieder einen neuen Vorstoß wagte, an einer anderen Tür des palazzo anklopfte, ja immer neue Türen zu entdecken glaubte, läßt ihn – nicht nur hinsichtlich seiner prekären materiellen Situation – immer bedauernswerter erscheinen. Er handelte völlig entgegen seinen eigenen Erkenntnissen über Politik und politische Moral, die er gerade in seinem Werk »de principatibus«, das später als ›Der Fürst‹ berühmt wurde, niedergelegt hatte.

Mit diesen »ghiribizzi«, dieser Grille, wie Machiavelli sein Buch in stolzer Bescheidenheit nannte, wollte er es noch einmal bei Giuliano de'Medici versuchen, für den sich eine neue politische Perspektive zu eröffnen schien. Vom Stuhle Petri aus erblickte Leo X. für seine Familie eine Zukunft, die weit über die Toskana hinausreichte. Zu Beginn des Jahres 1515 wurden Pläne bekannt, daß der Papst seinen Bruder Giuliano mit der Signoria über Parma, Piacenza, Modena und Reggio Emilia betrauen wolle. Damit wäre nördlich der Toskana und südlich des Po ein zusammenhängender Staat in der Hand der Medici entstanden – eine hervorragende Basis, von der aus die Medici in ganz Mittel- und Oberitalien zum entscheidenden Machtfaktor geworden wären, auch wenn der Stuhl Petri längst in die Hände anderer ehrgeiziger Familien übergegangen war. Paolo Vettori war für den Stab Giulianos vorgesehen, und es bestand offensichtlich einige Aussicht, daß auch Machiavelli Verwendung finden würde. Da konnte die Widmung der »Grille« für Giuliano vielleicht ein bißchen nachhelfen, und ebenfalls einige konkrete Überlegungen für den neuen Staat selbst, die man an der richtigen Stelle, d. h. vor dem Papst, zu Gehör brachte. Diese wohlgemeinten Ratschläge aus einem Brief an F. Vettori wirken wie eine Kurzfassung des ›Fürsten‹.

NICCOLÒ MACHIAVELLI an FRANCESCO VETTORI
31. Januar 1515

... Euer (Bruder) Paolo ist hier beim Magnifico [Giuliano de' Medici – F. H.] gewesen. In einem Gespräch hat er mir von seinen Hoffnungen erzählt, daß Seine Herrlichkeit ihm versprochen habe, ihn zum Gouverneur einiger der Städte zu machen, deren Herrschaft er jetzt erhält. Nicht nur Paolo, sondern jedermann weiß hier, daß er Herr über Parma, Piacenza, Modena und Reggio werden soll. Das erscheint mir eine sehr schöne Herrschaft, die man unter allen Umständen behaupten könnte, wenn sie von Anfang an gut regiert wird. Um gut regieren zu können, muß man die Beschaffenheit des Gegenstandes genau kennen.

Die Behauptung solcher neuen Staaten in der Hand eines neuen Fürsten bietet eine Menge Schwierigkeiten. Schon diejenigen sind schwer zu halten, die gewohnheitsmäßig eine Einheit bilden, wie z. B. das Herzogtum Ferrara. Um so schwieriger aber ist es, sich dort zu halten, wo verschiedene Teile neu zusammengesetzt sind. Das wäre der Fall in dem neuen Staat des Herrn Giuliano, denn ein Teil gehört zu Mailand [Parma und Piacenza – F. H.], ein anderer zu Ferrara [Modena und Reggio – F. H.]. Wer hier Fürst wird, muß vor allem darauf bedacht sein, ein Ganzes daraus zu machen und die Teile möglichst bald daran zu gewöhnen, einen Herrn anzuerkennen. Das kann auf zwei Arten geschehen. Entweder indem der Fürst selbst dort seinen Sitz aufschlägt, oder einen Statthalter einsetzt, der allen gebietet, damit die Untertanen, obwohl sie bisher verschiedene Herren hatten und in verschiedene politische Richtungen zersplittert sind, auf einen einzigen blicken und ihn als Fürsten anerkennen. Wenn Seine Herrlichkeit, so sie für jetzt noch in Rom bleiben will, einen Mann einsetzte, der die politische Lage und die örtlichen Bedingungen gut kennt, so würde sie ihrem neuen Staat eine breite Grundlage geben. Wenn aber jede Stadt einen eigenen Statthalter bekommt und Seine Herrlichkeit sich nicht dort aufhält, dann wird der Staat immer ohne innere Einheit sein, der Fürst wird kein Ansehen haben, man wird ihn weder verehren noch fürchten. Der Herzog von Valentinois [Cesare Borgia – F.H.], dessen Handlungen ich immer nachahmen würde, wenn ich ein neuer Fürst wäre, erkannte diese Notwendigkeit und machte den Messer Ramiro [Ramiro de Lorqua – F.H.] zum Präsidenten der Romagna. Diese Maßregel machte die Städte und Einwohner einig, sie fürchteten seine Autorität, wurden seiner Macht ergeben und faßten Vertrauen. Ihre ganze Liebe zu ihm, die, obwohl er ihnen neu war, sehr groß war, stammte aus dieser Maßregel.

Ich glaube, daß man von dieser Sache sich leicht überzeugen könnte, weil sie wahr ist. Wenn Euren Paolo die Wahl träfe, so würde dies eine Stellung sein, sich nicht allein dem Magnifico, sondern ganz Italien bekannt zu machen. Zu Nutzen und zur Ehre Seiner Herrlichkeit könnte er sich, Euch und Eurem Hause ein Ansehen geben. Ich sprach mit ihm darüber; er stimmte mir zu und er wird das Seinige dazu tun. Ich wollte Euch schreiben, damit Ihr unsere Überlegungen kennt, und wo es nötig sein sollte, der Sache den Weg ebnen könntet ...

ALTOBELLO MELONI
Bildnis eines Edelmanns
(wahrscheinlich Cesare Borgia)

Aber noch bevor diese ehrgeizigen Pläne der Medici an dem vereinten Widerstand der italienischen und außeritalienischen Machthaber scheiterten, kam ein Signal aus Rom, das auch diese, vielleicht begründetste Hoffnung Machiavellis abrupt zunichte machte. Von einem der Sekretäre des Papstes, Pietro Ardinghelli, erhielt Giuliano einen Brief, in dem dieser ihm riet, »sich nicht mit Niccolò einzulassen«.[27] Dieser Wink genügte, um Giuliano fortan eisige Ablehnung gegenüber Machiavelli zeigen zu lassen. Dieser selbst dagegen zog immer noch keine Lehre daraus, sondern widmete seinen »Fürsten« nach dem frühen Tod Giulianos im darauffolgenden Jahr (1516) dem neuen starken Mann in Florenz, dem ehrgeizigen Lorenzo. Als ihm das Buch überreicht werden sollte, erhielt dieser gleichzeitig ein Paar Jagdhunde zum Geschenk. Lorenzo, so heißt es, zeigte entschieden größeren Gefallen an den Hunden als an der »Grille« Machiavellis.

*Machiavellis Haus in Sant' Andrea
in Percussina*

Eine zerbrechliche Idylle

Die villa – Gutshof und Sommerresidenz

Es dauerte acht Jahre, bis Machiavelli den neuen und alten Herren von Florenz dienen durfte, und auch dann nur als eine Art ›Stadtschreiber‹, denn er erhielt 1520 den Auftrag, eine Geschichte von Florenz zu schreiben. Für die Nachwelt, deren Interesse hauptsächlich dem politischen Denker Machiavelli gilt, sind die Jahre zwischen 1512 und 1520 die fruchtbarsten seines ganzen Lebens, weil in dieser Zeit die großen Werke, der ›Fürst‹, die ›Discorsi‹, die ›Kriegskunst‹ und schließlich auch die Komödie ›Mandragola‹ entstanden. Machiavelli selbst empfand sie als eine Zeit des »Elends, ohne daß sich ein Menschenkind« seiner erinnerte (an F. Vettori, 10. Juni 1514). Wie er in dieser Zeit lebte, wie er sein Elend ertrug, und was ihm darüber hinweghalf, darüber geben seine Briefe den besten Aufschluß, und nicht zuletzt war es das Briefeschreiben selbst, das ihn immer wieder mit dem Leben versöhnte.

Nach seiner Befreiung aus dem Gefängnis zog sich Machiavelli zunächst aufs Land in seine *villa* zurück. Wenn von einer Villa in der Toskana zur Zeit der Hochrenaissance die Rede ist, dann verbindet sich damit häufig das Bild der mediceischen Sommerresidenzen um Florenz. Das Wort *villa* bedeutete jedoch wie in der Antike noch ganz allgemein Landgut oder Meierhof, und Machiavellis villa war eher bescheiden. Sie ist noch heute als Villa der Familie Bossi-Pucci zu sehen. Wie alle anderen trug auch sie zu Machiavellis Zeit einen poetischeren Namen, der z. B. etwas über Lage, besondere Pflanzen oder Tiere verriet. Seine Villa hieß ›l'Albergaccio‹, also Herberge oder Obdach mit einem Diminuitiv, das sowohl eine liebevolle, als auch abschätzige Bedeutung annehmen kann. Diese Zuflucht Machiavellis lag etwa fünfzehn Kilometer südlich von Florenz in S. Andrea in Percussina auf den Hügeln zwischen dem Greve- und dem Pesatal. Im Tal des Greve, der das Chianti durchzieht, verlief als Fortsetzung der via Cassia seit dem Altertum die Hauptstraße von Rom über Siena nach Florenz, seit dem frühen Mittelalter Teil der via Francesca oder Francigena, des großen Pilgerweges von jenseits der Alpen her. Wenige Kilometer südlich von S. Andrea in Percussina erhob sich das stark befestigte

San Casciano Val di Pesa, wo die via Cassia an der schmalsten Stelle über den Höhenrücken ins Pesatal klettert. Machiavellis villa war also zu Fuß von Florenz in einigen Stunden zu erreichen, und gleichzeitig lag sie in günstiger Nähe eines geschäftigen Landstädtchens an einer wichtigen Durchgangsstraße.

Das Leben in der villa folgte zwar äußerlich ganz dem trägen Rhythmus der bäuerlichen Jahreszeiten, und Machiavelli fühlte sich »den Geheimnissen und Geschäften fern«, die er so sehr liebte (an F. Vettori, 20. Juni 1513). Aber der *contado* stand doch ganz im Bannkreis der Stadt und war bis in die Landschaftsgestaltung geprägt von den Bedürfnissen und Herrschaftsansprüchen ihrer Bürger.

Es gibt zwar keine Beschreibung Machiavellis von seiner eigenen villa, dafür aber besichtigte er im Auftrag seines Freundes Francesco Guicciardini zwei Güter, die er so eingehend beschrieb, daß man glaubt, selbst über die hügelige Landschaft zu blicken, wo er nach dem rechten sah. Das eine Gut trug den Namen ›Finocchieto‹, das heißt ein Ort, wo der Fenchel gut gedeiht, das andere ›Colombaia‹, der Taubenschlag. Machiavelli, der immer gern so tat, als ginge ihm jeder praktische Sinn ab, als sei er geradezu dazu verdammt, bloß immer »vom Staate zu reden«, spricht hier wie ein erfahrener und alles andere als verschwenderischer Landwirt.

Niccolò Machiavelli an Francesco Guicciardini
Florenz 3. August 1523

Herr Präsident!
... Rem omnem a Finochieto ordiar. [Ich will mit Finochieto beginnen] Als erstes muß ich Euch sagen, daß man drei Meilen in der Runde nichts Angenehmes sieht. Die Wüste Arabiens kann nicht schlimmer sein. Das Haus ist nicht schlecht, aber ich würde es auch nicht gut nennen, denn es hat nicht die erforderlichen Bequemlichkeiten: die Zimmer sind klein, die Fenster liegen zu hoch, in einem Turmverließ ist's nicht anders. Vor dem Haus liegt bloß ein winziges Stück Grün. Alle Ausgänge führen nur in Höfe, vor einem Ausgang ist eine ebene Fläche von vielleicht 100 Ellen. Das Haus liegt so sehr zwischen den Hügeln, daß

Landschaft bei Florenz
Ausschnitt aus einem Fresko von BENOZZO GOZZOLI
im Palazzo Medici

man einen Blick von höchstens einer halben Meile hat. Was die Höfe (*poderi*) einbringen, wißt Ihr, aber es besteht die Gefahr, daß sie von Jahr zu Jahr weniger bringen, denn dort wird der Boden an vielen Stellen dermaßen ausgewaschen, daß, wenn man nichts dagegen unternimmt, bald nur noch der nackte Fels herausschaut. Dazu aber muß der Eigentümer da sein, und Ihr seit zu weit entfernt. Ich habe gehört, daß sich die Bartolini in dieser Gegend viel Grund gekauft haben, daß ihnen aber ein Haus fehlt. Wenn Ihr es Ihnen schmackhaft machen könntet, würde ich Euch dies empfehlen, denn ihnen käme es recht und Euch würde es vor Schaden bewahren. Wenn Ihr Euch nicht mit Ihnen einigen könnt, wenn Ihr es behalten wollt, aber auch wenn Ihr es weiterverkaufen wollt, würde ich Euch raten, hundert Dukaten auszugeben. Damit könntet Ihr die Grünfläche herrichten, könntet den ganzen Hügel, auf dem das Haus steht, mit Wein umgeben und könntet acht oder zehn Gräben ziehen in den Äckern zwischen Eurem Haus und dem des ersten Hofes. Diese Grundstücke heißen die Klause, dort würde ich Obstbäume und Feigen hinsetzen, ich würde eine Quelle, die dort mitten in den Feldern liegt, schön fassen und eine Bank dazustellen. Diese Investitionen würden Euch zu beidem Nutzen bringen. Wenn Ihr verkaufen wollt, wird der, der es zu besichtigen kommt, etwas Hübsches vorfinden, und vielleicht will er dann über den Kauf verhandeln. Denn, wenn alles so bleibt, wie es ist, und die Bartolini kein Interesse haben, denke ich, daß Ihr nie einen Käufer finden werdet, außer er schaut sich das Gut überhaupt nicht an, wie Ihr getan habt. Wenn Ihr es behalten wollt, dann nützen Euch die Verbesserungen, damit Ihr mehr Wein bekommt, der hier gut ist. Und außerdem werdet Ihr dann nicht vor Kummer sterben, wenn Ihr einmal hierherkommt. Hoc de Finochieto satis (Damit von F. genug).

Über Colombaia kann ich Euch vom Augenschein her alles das bestätigen, was Euch Jacopo und Girolamo [Brüder Francesco Guicciardinis – F. H.] geschrieben haben. Das Gut ist schön gelegen, von Straßen und Gräben umgeben und öffnet sich nach Südosten. Der Boden scheint gut, denn die Früchte, reif und unreif, sind saftig und voller Kraft. Es gibt alle Bequemlichkeiten, die eine Villa nahe Florenz haben kann: Kirche, Metzger, Straße und Markt [oder Pferdestation – F. H.]. Die Ernte ist reichlich und es gäbe genügend Raum, um sie zu verdoppeln. Das Haus sieht so aus: Man tritt in einen Hof von ca. 20 Ellen auf jeder Seite. Gegenüber dem Eingang hat das Haus eine Loggia mit Balkon, die so lang wie der Hof und ca. 14 Ellen tief ist. Wenn man mit dem Gesicht zur Loggia steht, liegt rechts davon ein Schlafzimmer mit Vorzimmer, links ein Wohnraum, ein Schlafraum und ein Vorzimmer. Alle diese Räume und die Loggia sind bewohnbar und sehr ordentlich. Auf dem Hof ist die Küche, der Stall, ein Vorratsraum, dann noch ein anderer Hof für die Hühner und das Gerät zum Saubermachen des Hauses. Unter dem Haus sind zwei schöne Kellerräume für den Wein. Im ersten Stock sind noch viele Räume, davon sind drei, die man mit 10 Dukaten so herrichten kann, daß man Gäste ordentlich unterbringen kann. Die Dächer sind weder gut noch schlecht. Ich bin der Ansicht, daß Ihr mit einer Ausgabe von 150 Dukaten angenehm, fröhlich und nicht unter Eurem Stand hier wohnen könntet. Diese 150 Dukaten müßte man ausgeben, um die Türen herzurichten, den Hof zu pflastern, einige Mauern zu verbessern, einen Balken zu ersetzen, eine Küche zu richten und ein Küchenfenster einzusetzen und ähnliche Kleinigkeiten zu erledigen. Damit wäre das Haus wieder schön und gut in Schuß. Mit dieser Ausgabe könntet Ihr so leben, daß Ihr Euch wirklich wohl fühlt.

Über die Einkünfte kann ich nichts sagen, weil ich bisher noch niemand Vertrauenswürdigen habe sprechen können. Wenn es soweit ist, werde ich Euch Bescheid geben ...

An diesem Brief läßt sich einiges über die Haltung des florentinischen Bürgertums zu Landleben und Landbesitz ablesen und mit anderen Aussagen vergleichen.

Florenz war in Italien und dem damaligen Europa als Stadt nicht nur einzigartig durch ihren Reichtum, ihre Schönheit und ihre Verfassung, sondern auch durch ihren *contado* – ihr Umland und Staatsgebiet. Dieses Staatsgebiet war in Wirklichkeit nichts weiter als eine Reihe unterworfener Städte, die ihren eigenen *contado* unter der harten und ständig fordernden Hand von Florenz selbst verwalteten. Das Landschaftsbild der Toskana ist bis heute geprägt durch die Bewirtschaftungsform und die Eigentumsverhältnisse, wie sie sich seit dem dreizehnten Jahrhundert herausgebildet hatten und in der zweiten Hälfte des fünfzehnten Jahrhunderts zu einer wirtschaftlichen Blütezeit führten.

Die Kämpfe zwischen Feudaladel und städtischem Bürgertum hatten nirgends zu einer so weitgehenden Entmachtung des Adels geführt wie in Florenz, einer Entmachtung, die ihn zwang, in die Städte umzuziehen und auf seine befestigten Wohnsitze zu verzichten. Die Bauern wurden im dreizehnten Jahrhundert (1289) von der Leibeigenschaft befreit, was natürlich nicht heißt, daß sie zugleich Eigentümer ihres Bodens wurden. Das durch die Vertreibung und Verarmung vieler Adelsgeschlechter freiwerdende Land ging vielmehr rasch in die Hände des städtischen Bürgertums über. Schon im dreizehnten Jahrhundert beschreibt der Chronist Giovanni Villani, wie sich um Florenz ein Gürtel von Landgütern der reichen Stadtbürger schmiegte. Es entstand eine gegenläufige Bewegung. Die Bewohner des *contado*, die *contadini* (was heute Bauer heißt), strömten, angezogen von deren Reichtum, in die Stadt, und das Bürgertum kaufte sich Land im *contado*. In Florenz mußte nicht erst Stadtluft ›freimachen‹, es gab außer der Mauer keine Trennung zwischen Stadt und Land, auch wenn die Kommune immer wieder den Zustrom vom Lande zu stoppen versuchte. In einigen Stadtvierteln wohnten Bauern, die am Abend zu Stadtbürgern wurden. Ein Bauer konnte seine Felder verlassen und Mitglied einer Zunft werden. Er war und blieb damit freilich gewöhnlich nur ein Teil der Masse, der *multitudine*, die von den Mitgliedern der höheren Zünfte von oben herab behandelt wurden, aber er war, sofern er einen festen Wohnsitz hatte und Steuern bezahlte, ein Bürger von Florenz, was immer noch mehr galt, als reich, aber in Pisa geboren zu sein.

Für den bessergestellten Florentiner Bürger gehörte neben der *bottega* und der *casa* eine *villa* zum selbstverständlichen Besitz, und der Stadtbürger war so aufs engste mit dem Land verbunden. Dieser Prozeß der Umwandlung der Stadtbürger in Landbesitzer, der im sechzehnten Jahrhundert den Charakter einer regelrechten ›Refeudalisierung‹ annahm, reichte weit zurück und hatte unterschiedliche Aspekte. Der Grundbesitz diente der Selbstversorgung, der Absicherung gegen Geschäfts- und Lebensrisiken, aber auch der Spekulation, und nicht zuletzt war die *villa* Teil eines Lebensgefühls, das ganz unmittelbar an die römische Antike anknüpfte.[28] Machiavelli und sein Freund Guicciardini sind dafür ein gutes Beispiel.

Machiavelli besaß nur das eine Gütchen, für ihn im wahrsten Sinne seines Namens ›Albergaccio‹ ein Ort, wo und von dem er – wenn auch schlecht und recht – leben konnte. Geschäfte waren damit nicht zu machen. Anders dagegen sein Freund Guicciardini, der nicht einmal die Zeit fand, die Güter, die er kaufen oder verkaufen wollte, selbst zu besichtigen. Aber auch für diesen – nehmen wir einmal an, daß die Beschreibung Machiavellis der Sichtweise des Freundes entsprach – war das Landgut nicht allein eine Frage der Investition oder Spekulation, sondern ein Ort, wo man sich aufhalten, mit dem man repräsentieren und wo man die Früchte des Bodens auch selbst genießen konnte. Nach Machiavellis Beschreibung hatte Guicciardini ein Interesse an der Verbesserung der Landwirtschaft, und war auch bereit, dafür etwas zu investieren, aber dieses Interesse galt nicht bloß der Verbesserung der Verkaufschancen oder der Steigerung der Einkünfte, sondern auch der Schönheit und dem eigenen Wohlleben des Gutsherrn, wenn dieser auf seinem Besitz weilte. Die Form, in der die Güter bewirtschaftet wurden, spricht Machiavelli nicht eigens an, wohl weil sie bereits zu den Selbstverständlichkeiten gehörte: Seit dem dreizehnten Jahrhundert hatte sich in der ganzen Toskana, und auch in anderen Regionen Mittel- und Norditaliens die *mezzadria* als Vertragsform durchgesetzt. Dieser auf mehrere Jahre zwischen freien Partnern abgeschlossene Vertrag überließ dem Bauern ein bestimmtes Stück Land, das *podere*, samt Bauernhaus und Vieh, wofür der Bauer zur Ablieferung der Hälfte der Ernte verpflichtet war. Diese Vertragsform war im Rahmen der gesellschaftlichen und wirtschaftlichen Bedingungen des vierzehnten und fünfzehnten Jahrhunderts im Vergleich zur Lage der Bauern im übrigen Italien und in Europa ohne Zweifel außerordentlich fortschrittlich. Eine Verbesserung und Intensivierung der Produktion lag im beiderseitigen Interesse von Bauer und Grundeigentümer, und es existierte auch eine gewisse vertragliche Sicherheit. Vor allem, solange kein Arbeitskräfteüberschuß herrschte, waren die Klauseln über Vertragsdauer, Vertragsauflösung sowie über die Abgaben und Leistungen für die Bauern günstig, denn es bestand auch für den Eigentümer ein Grund, seine Bauern zu halten. Anders als zu Zeiten der persönlichen Abhängigkeit von einem adeligen Herrn, waren die Bauern jetzt als freie Menschen freilich auch der Kommune von Florenz steuerpflichtig. Daß die *mezzadria*, die sich auch in anderen Gebieten Mittel- und Norditaliens durchsetzte, gerade in der Toskana so weitgehende Verbreitung fand, und sich so lange und ausschließlich gehalten hat, ist auch auf eine Reihe anderer wirtschaftlicher und klimatisch-topographischer Faktoren zurückzuführen. Florenz, das schon zu Beginn des vierzehnten Jahrhunderts 100 000 Einwohner hatte, war für die damalige Zeit eine Metropole. Nach der großen demographischen Katastrophe durch die Pest, Mitte des vierzehnten Jahrhunderts, erholte es sich zwar nur langsam, und andere italienische Städte wie Neapel, Rom, Venedig und Mailand wuchsen rascher[29], aber gegen Ende des fünfzehnten Jahrhunderts war die 100 000-Grenze fast wieder erreicht. Für eine Stadt dieser Größenordnung war die Versorgung mit Lebensmitteln eine der ersten und wichtigsten Sorgen, und mit den *ufficiali della biada* gab es eine eigene Behörde, die sich um die

Lebensmittelversorgung kümmerte. Vor allem für das Getreide reichte die Versorgung aus dem Umland längst nicht aus, es mußte zum Teil aus Süditalien, Sizilien und Afrika, aber auch von den Küsten des Schwarzen Meeres herangeschafft werden. Mit diesem Importgetreide konnte natürlich die heimische Produktion nicht mehr konkurrieren, zumal die hügelige Landschaft der Toskana den Getreideanbau ohnedies sehr schwierig machte. Die Landwirtschaft des *contado* von Florenz war deshalb bereits weitgehend auf Wein- und Ölbaumkultur spezialisiert. Produktionssteigerungen sind bei diesen Kulturen noch heute in erster Linie eine Frage vermehrter menschlicher Arbeitsleistung, und die Hügellandschaft der Toskana gilt auch heute noch als das »Reich von Hacke und Schaufel«, die den Boden vergolden, dem Bauern aber den Rücken brechen.[30] Das System der *mezzadria* nutzte genau diese Situation aus, indem der Bauer zu erhöhtem Einsatz angestachelt wurde, ohne daß der Grundbesitzer allzuviel investieren oder auch nur kontrollieren mußte. Aus diesem Grund ist die *mezzadria* vor allem für die folgenden Jahrhunderte als unbeweglich und unproduktiv kritisiert worden, obwohl noch in der Zeit der Aufklärung die toskanischen Grundbesitzer sie als Inbegriff von Menschenfreundlichkeit und Fortschritt preisen konnten.

Die *mezzadria* war und ist aber nicht nur eine bloße Rechtsform, ein Pachtverhältnis wie andere auch, sondern sie hat sich auch in der Landschaft materialisiert, hat sie gestaltet. Durch die Aufteilung des ganzen Landes in *poderi* um das Bauernhaus, entstand jenes für das Umland von Florenz so charakteristische Bild eines »urbanen Landes« (*campagna urbanizzata*)[31] mit seinem dichten Netz von Bauern- und Herrenhäusern. Sie lagen oft auf einer kleinen Anhöhe, einem *poggio*, von dem sie vielfach auch den Namen trugen. Die Größe des Hauses gab gewöhnlich schon von weitem Auskunft über den Umfang des *podere* und demzufolge auch der Familie, die es bewirtschaftete, denn weniger das Vieh, das hauptsächlich als Zugtier Verwendung fand, als vielmehr die Zahl der zupackenden und hackenden Arme machte den ›Reichtum‹ des Bauern aus. Die Herrenhäuser unterschieden sich teilweise nur durch ihre Größe von den in groben, ockerfarbenen Steinen erbauten Bauernhäusern. Machiavellis Haus war ein solches. Es lag direkt an der Straße, nach außen bis auf wenige, unten vergitterte Fenster trutzig abweisend, ein einstöckiger quadratischer Bau mit einigen kleinen Nebengebäuden. Das Haus seines Freundes Guicciardini auf

MICHELOZZO
Medici-Villa in Cafaggiolo

dem Gut ›Colombaia‹ dagegen war schon etwas herrschaftlicher, denn es verfügte über einen gepflasterten Hof, und vor allem über eine sehr geräumige Loggia, eine wahre Leidenschaft reicher Florentiner in der Stadt und auf dem Land, von der noch die Rede sein wird. Einen Blick auf die Baugewohnheiten der Zeit gibt Machiavelli mit dem Hinweis, daß die Küche mit den Wirtschaftsgebäuden vom eigentlichen Wohnhaus getrennt lag und auch einen eigenen Hof hatte.

Nicht anders als im eigentlichen Stadtbild von Florenz hoben sich in diesem weitmaschigen Häusernetz des flachen Landes hie und da die Herrenhäuser besonders hervor, ohne jedoch dieses Netz zu stören oder zu verändern. Schon von weitem verrieten einige durch ihr Aussehen, daß sie nicht aus Wohn- oder Bauernhäusern entstanden waren, sondern aus Kastellen und Zwingburgen der früheren adeligen Herren, denn sie wurden von Türmen und zinnenbewehrten Balustraden überragt. Wie in der Stadt die Umwandlung der trutzigen Wohnburgen in elegante palazzi, so erfolgte auch auf dem Land die Umformung ehemaliger Zwingburgen in bürgerliche Sommerresidenzen mit umfangreichen Garten- und Parkanlagen, meist jedoch erst im sechzehnten Jahrhundert, denn diese Villen hatten noch manches Mal die Funktionen von Schutz- und Trutzburgen zu erfüllen. Eine solche turmbewehrte Villa war z. B. die villa Poppiano der Familie Guicciardini einige Kilometer östlich von San Casciano auf dem Weg nach Montespertoli, wo die Familie Machiavelli herstammte. Und so sahen natürlich auch die Villen der Medici aus. Sie lagen nicht im lieblichen Chianti, sondern an den Ausläufern des Appeninn nordwestlich von Florenz, wo einst befestigte Burgen in sicherer Lage das Tal bewachten.

Der Humanist auf dem Lande – bucolica toscana

Den Tagesablauf in seinem Landgut hat Machiavelli in einem berühmten Brief an seinen Freund Francesco Vettori beschrieben. Es ist sicherlich der schönste von allen Briefen Machiavellis, und vor allem ist es ein Brief, der mehrmals gelesen werden will, der bei jedem Lesen neue Bedeutungsebenen enthüllt, denn er umschließt die ganze Persönlichkeit Machiavellis als Humanist und Bürger von Florenz. Die formale Schönheit und inhaltliche Vielschichtigkeit entdeckt man vor allem, wenn man ihn mit anderen Briefen vergleicht, beispielsweise mit dem seines Freundes Vettori über den Tagesablauf eines Botschafters der Stadt Florenz am Hof Leos X. in Rom.

. Francesco Vettori an Niccolò Machiavelli
23. November 1513

... Ich will Euch schreiben, wie ich hier in Rom lebe. Als erstes muß ich Euch sagen, wo ich wohne, denn ich bin umgezogen, und ich wohne nicht mehr so nahe bei den Kurtisanen wie vorher. Die Straße heißt San Michele in Borgo und es ist sehr nahe zum palazzo und zur piazza San Pietro, aber sie ist doch ziemlich abgelegen gegen den von den Alten Janiculus genannten Hügel zu. Das Haus ist sehr schön und hat viele, aber kleine Räume, die nach Norden offen sind. Daher ist die Luft sehr gut.

Ans Haus grenzt gleich eine Kirche, was mir, der ich sehr religiös bin, gelegen kommt. Die Kirche dient aber eigentlich bloß zum Spazierengehen, denn es findet dort höchstens einmal im Jahr eine Messe oder sonst eine religiöse Zeremonie statt. Von der Kirche kommt man in einen Garten, der einstmals sehr schön war, jetzt aber weitgehend verwildert ist, auch wenn ich ihn wieder in Ordnung bringen lassen will. Von dort aus gelangt man über sonnige Fußpfade und durch Weingärten zum Janiculus ohne von jemand gesehen zu werden. Dort waren nach antiker Überlieferung die Gärten des Nero, wovon man noch Spuren erkennen kann. In dem Haus wohne ich mit sieben Dienern, außerdem mit Brancaccio [Giuliano, einem gemeinsamen Freund Vettoris und Machiavellis – F. H.], einem Kaplan, einem Schreiber und sieben Pferden, und ich gebe mein ganzes Geld reichlich aus. Anfangs wollte ich hier großartig leben, Gäste einladen und drei oder vier Gänge auftragen lassen, von silbernem Geschirr essen und solche Sachen. Dabei habe ich gemerkt, daß ich zuviel Geld ausgab und es auch zu nichts gut war. Von da an habe ich niemand mehr eingeladen und lebe ganz normal. Das Silber habe ich an die zurückgegeben, die es mir geliehen haben, einmal, um nicht darauf aufpassen zu müssen, und außerdem weil sie mich oft um eine Fürsprache beim Papst gebeten haben. Ich hab's zwar getan, aber ohne Erfolg. So habe ich mich davon befreit, und ich werde nicht mehr belästigt, weil ich niemand mehr verpflichtet bin.

Morgens stehe ich zur Zeit zur 16. Stunde [ca. 8 Uhr – F. H.] auf und nach dem Ankleiden gehe ich zum palazzo, allerdings nicht jeden Tag, sondern alle zwei oder drei Tage. Dort spreche ich manchmal zwanzig Worte mit dem Papst, zehn mit dem Kardinal Medici [Giulio – dem späteren Papst Clemens VII. – F. H.], sechs mit Giuliano. Wenn ich nicht mit ihm sprechen kann, spreche ich mit dem einen oder anderen Botschafter, der sich in den Gemächern befindet. Dabei bekomme ich manchmal ein bißchen etwas mit, freilich nur wenig. Danach kehre ich nach Hause zurück, außer wenn ich mit dem Kardinal de'Medici zu Mittag esse. Zuhause esse ich mit den Meinen und gelegentlich ein oder zwei Gästen, die zu ihnen kommen, wie z. B. ser Sano [Deckname – F. H.] oder dem ser Tommaso, der in Trient war, oder Giovanni Rucellai oder Giovan Girolami. Nach dem Essen würde ich spielen, wenn ich jemand hätte, der mit mir spielt. Aber weil ich niemand habe, gehe ich in der Kirche und im Garten spazieren. Danach mache ich, wenn das Wetter gut ist, einen kleinen Ausritt vor die Tore Roms. Abends kehre ich heim, wo ich mir viele Geschichtsbücher, vor allem die der Römer, bestellt habe, z. B. Livius mit der Fortsetzung von Lucius Florus, Sallust, Plutarch, Appian, Alexandrinus, Cornelius Tacitus, Sueton, Lampridius und Spartianus, und die anderen, die über die Kaiser schreiben, Herodian, Ammianus Marcellinus und Procopius. Damit vertreibe ich mir die Zeit. Und dabei denke ich bei mir, was für Kaiser dieses arme Rom ertragen hat, das einst die Welt erzittern ließ. Daher ist es auch nicht verwunderlich, daß es noch zwei Päpste von der Art der letzten zwei ertragen kann. [Alexander VI., 1492-1503, und Julius II., 1503-1513 – F. H.] Alle vier Tage etwa schreibe ich einen Brief an die Herren von der Zehn [Zehn des Krieges und der Freiheit – eine Art Außenministerium in Florenz – F. H.] und erzähle die eine oder andere müde Neuigkeit ohne Belang. Denn ich habe nichts anderes zu berichten aus den Gründen, die Ihr ja kennt. Dann gehe ich schlafen, nachdem ich mich mit Giuliano Brancaccio und M. Giovambattista Nasi, der häufig vorbeikommt, ein bißchen unterhalten habe. An den Feiertagen höre ich die Messe, und mach's nicht so wie Ihr, die Ihr sie häufig ausläßt. Wenn Ihr mich fragt, ob ich nicht die eine oder andere Kurtisane habe, dann kann ich Euch sagen, daß anfangs immer eine kam, aber aus Angst vor der Hitze des Sommers habe ich mich dann zurückgehalten. Trotzdem kommt aber eine immer von sich aus, die recht hübsch ist, und mit der man sich gut unterhalten kann ...

NICCOLÒ MACHIAVELLI an FRANCESCO VETTORI
10. Dezember 1513

Erlauchter Herr Gesandter!
›Tarde nun furon mai grazie divine‹ [›Nie kam göttliche Gnade zu spät‹ / Petrarca] möchte ich sagen, weil ich schon glauben mußte, ich sei bei Euer Gnaden, wenn nicht in die Acht, doch in Vergessenheit geraten, nachdem Ihr mir so lange nicht geschrieben. Den Grund dafür konnte ich mir nicht denken. Alle möglichen Gründe schienen mir harmlos bis auf den: Ihr möchtet das Schreiben unterlassen haben, weil man Euch gesteckt habe, ich sei zu sorglos mit Euren Briefen umgegangen, indeß ich mir doch gewiß war, daß durch mein Zutun niemand außer Filippo und Pagolo sie gesehen hatte. Nun bin ich beruhigt durch Euren Letzten vom 23. verflossenen Monats, aus dem ich mit größtem Vergnügen ersehe, wie ungestört und gelassen Ihr Euer Amt versteht. Ich ermahne Euch, es weiterhin so zu halten, denn wer seine Bequemlichkeit einmal für die Anderen aufgibt, verliert sie am Ende ganz, ohne daß man ihm für seine Mühe Dank weiß. Da Fortuna alles selber tun will,

muß man sie machen lassen, ruhig bleiben, ihr nicht lästig werden und abwarten, bis sie uns Menschen etwas tun läßt. Dann ist es an der Zeit, mehr Mühe aufzuwenden und stärker in den Lauf der Dinge einzugreifen – und an mir, mein Landhaus zu verlassen und zu sagen: Hier bin ich. Deswegen kann ich, um es Eurer Güte gleichzutun, in meinem heutigen Brief nur schildern, was für ein Leben ich meinerseits führe. Meint Ihr, daß es einen Tausch mit dem Eurigen wert wäre, so würde ich es nur zu gerne ändern.

Ich wohne also auf dem Lande und bin, seitdem sich diese letzten Dinge mit mir abspielten, alles zusammengerechnet nicht zwanzig Tage in Florenz gewesen. Ich habe bis jetzt eigenhändig den Drosselfang betrieben, stand vor Tage auf, legte meine Leimruten und ging dann los mit einer solchen Ladung von Käfigen, daß ich aussah wie Geta, wenn er mit Amphitryons Büchern vom Hafen zurückkommt [Zitat aus einer französischen Fassung des »Amphitryon« von Plautus – F. H.], und gefangen habe ich mindestens zwei, aber höchstens sechs von diesen Drosseln. So ging's den ganzen September über und als dieser befremdliche Zeittotschlag zuende war, habe ich ihm sogar nachgetrauert. Nun hört, wie ich's seitdem treibe.

Ich stehe mit der Sonne auf und begebe mich in ein Wäldchen, das ich ausholzen lasse. Dort verbringe ich zwei Stunden, indem ich die Arbeiten des vorigen Tages nachsehe und mir die Zeit mit den Holzhauern vertreibe, die immer ihre Späße mit den Nachbarn oder untereinander haben. Und über dieses Wäldchen könnte ich Euch tausend hübsche Sachen erzählen, wie sie mir mit Frosino da Panzano und anderen passiert sind, die etwas von meinem Holz haben wollten. Zum Beispiel ließ Frosino einige Klafter abholen, ohne mir etwas zu sagen, und beim Bezahlen wollte er mir zehn Lire abziehen, die ich angeblich vor vier Jahren beim Criccaspiel bei Antonio Guicciardini an ihn verloren hatte. Ich fing einen Höllenkrach an, wollte den Fuhrknecht, der das Holz geholt hatte, als Dieb verklagen, bis sich Giovanni Machiavelli ins Mittel schlug und uns verglich. Batista Guicciardini, Filippo Ginori, Tommaso del Bene und einige andere aus der Stadt wollten, als die Tramontana, der Nordwind einsetzte, jeder einen Klafter von mir. Ich versprach ihn allen und schickte einen zu Tommaso, von dem aber nur die Hälfte in Florenz ankam, denn zum Aufladen waren er, seine Frau, seine Magd und die Kinder gekommen, sodaß es zuging, wie wenn der Metzger Gaburro am Donnerstag mit seinen Burschen einen Ochsen schlachtet. Als ich sah, daß so nichts zu gewinnen war, sagte ich den anderen, daß ich kein Holz mehr hätte. Das haben sie mir alle gewaltig übel genommen, vor allem Batista, der das unter die übrigen Staatskatastrophen rechnet.

Von meinem Wäldchen aus gehe ich zu einer Quelle und weiter zu einem meiner Vogelherde, ein Buch in der Tasche, Dante oder Petrarca oder eines von den kleineren Dichtern, Tibull, Ovid oder so. Ich lese von ihren Liebesleiden und -freuden, erinnere mich der eigenen und ergötze mich eine Weile mit solchen Gedanken. Dann aber kehre ich zur Straße zurück in ein Wirtshaus, rede mit denen, die da vorbeikommen, frage nach Neuigkeiten aus ihrer Gegend, erfahre alles Mögliche und lerne, wie verschieden die Ansichten und Einbildungen der Menschen sind. Unterdessen wird es Essenszeit, wo ich dann mit meinem häuslichen Verein das verzehre, was mein armseliges Gütchen und mein geringes Erbteil erbringen. Hab ich gegessen, gehe ich zurück ins Wirtshaus, wo der Wirt und gewöhnlich ein Metzger, ein Müller und zwei Ziegelbrenner anzutreffen sind. Mit denen spiele ich hingegeben Cricca oder Trictrac, was zu unendlichen Streitereien und Beleidigungen führt, und wenn es auch meist nur um einen Quattrino geht, so hört man uns doch mindestens bis San Casciano brüllen. So tief gesunken hebe ich den Kopf aus dem Staub und schütte mein Herz aus über die Niedertracht meines Schicksals, dem ich mich zufrieden zeige mit der Art, wie es mich niedertritt. Denn ich will doch sehen, ob es sich dessen nicht schämt.

Ist es Abend geworden, gehe ich nach Hause und kehre in mein Arbeitszimmer ein. An der Schwelle werfe ich das schmutzige, schmierige Alltagsgewand ab, ziehe mir eine königliche Hoftracht an und betrete passend gekleidet die Hallen der Großen des Altertums. Ich werde von ihnen liebevoll aufgenommen und hier nehme ich die Nahrung zu mir, die allein mir angemessen ist und für die ich geboren bin. Hier darf ich ohne Scheu mit ihnen reden, sie nach den Beweggründen ihres Handelns fragen, und menschenwürdig antworten sie mir. Vier Stunden lang werde ich dessen nicht müde, vergesse allen Kummer, fürchte die Armut nicht mehr und fürchte mich nicht vor dem Tod, so ganz fühle ich mich unter sie versetzt. Und weil Dante sagt, es gibt keine Wissenschaft ohne Bewahrung des Durchdachten, habe ich die Essenz von dem, was ich durch die Gespräche mit ihnen gelernt habe, niedergeschrieben und ein kleines Werk ›De principatibus‹ verfaßt, in dem ich so tiefgründig wie es mir möglich ist dieses Thema auslote und darlege, was Fürstentümer sind, in welchen Formen es sie gibt, wie man sie erwirbt, wie man sie erhält, warum man sie verlieren kann. Wenn Euch je eine meiner Grillen gefiel, dürfte Euch diese nicht mißfallen. Einem Fürsten, besonders einem neuen Fürsten, möchte sie willkommen sein und deshalb ist sie an die Adresse seiner Durchlaucht Giuliano gerichtet. Filippo Casavecchia hat sie gesehen und er könnte Euch Einzelheiten und die ganze Anlage erläutern, wie auch über unsere Diskussionen darüber berichten. Ich bin noch immer dabei, zu erweitern und auszufeilen.

Erlauchter Herr Gesandter, Ihr wünscht, daß ich dieses Leben hier aufgebe und komme, um mich mit Euch des Eurigen zu erfreuen. Ich tue es ganz bestimmt, doch halten mich noch einige Geschäfte auf, die in sechs Wochen erledigt sein werden. Zweifel macht mir noch immer der Umstand, daß es dort jene Soderinis gibt, die ich wohl besuchen und mit denen ich sprechen müßte. Ich habe gewisse Zweifel, ob ich bei der Rückkehr, statt in meinem Hause anzukommen, nicht im Bargello [Stadtgefängnis – F.H.] lande. Denn wenn auch diese Regierung auf breitester Grundlage hervorragend abgesichert ist, so ist sie doch neu und deshalb voll Argwohn, und es gibt vorlaute Leute, die, um wie Pagolo Bertini auftreten zu können, andere die Zeche würden bezahlen lassen und mir das Nachdenken überließen. Bitte nehmt mir diese Sorge, dann werde ich Euch nach der besagten Frist ganz sicher besuchen.

Ich habe mit Filippo darüber gesprochen, ob es richtig sei, mein kleines Werk zu widmen oder nicht, und ob es im ersten Fall richtig sei, es selbst zu überreichen oder es Euch anzuvertrauen. Wenn ich es nicht widme, wird es, so fürchte ich, von Giuliano nicht gelesen, aber mindestens von einem andern und dann könnte jener Ardinghelli die Ehre dieser meiner jüngsten Mühe einheimsen. Die Widmung ist auch im Hinblick auf meine Notlage geboten, denn ich zehre mich auf und lange kann ich nicht mehr

Machiavellis Arbeitszimmer im ›Albergaccio‹

durchhalten, ohne aus Armut verachtenswert zu werden. Ich wünschte sehr, diese Herren Medici würden mir eine Aufgabe geben, und wäre es anfangs nur um einen Felsen zu wälzen. Wenn ich sie dann nicht von mir überzeugen könnte, wäre es meine Sache. Nach der Lektüre meines Schriftchens wird man überzeugt sein, daß ich meine fünfzehn Jahre Studium der Staatskunst nicht verträumt noch vertrödelt habe, und einen Mann, der seine Erfahrungen bei anderen gemacht hat, sollte man doch überall gern zum Dienst heranziehen. An meiner Treue ist kein Zweifel erlaubt; da ich immer die Treue gehalten habe, kann ich jetzt nicht mehr lernen, sie zu brechen; wer die 43 Jahre, die ich alt bin, immer treu und redlich war, kann seine Natur wohl nicht mehr ändern, und schließlich zeugt für meine Treue und Redlichkeit meine Armut.

Schreibt mir doch, wie Ihr über das alles denkt. Ich empfehle mich Euch. Sis felix. [Sei glücklich.]

Machiavelli macht in seinem Brief Vettori das scherzhafte Angebot, aufgrund seiner Schilderung des Landlebens zu wählen, wo er sich lieber aufhalten wolle. Obwohl es Machiavelli materiell viel schlechter ging als seinem Freunde in Rom, obwohl er mit seinem Schicksal haderte, ist Machiavellis Brief unvergleichlich strahlender und lebendiger als der grämliche Bericht Vettoris. Auch Machiavelli tut scheinbar nichts anderes als seinen Tag von Sonnenaufgang bis in die Nacht hinein der Reihe nach zu beschreiben. Es gibt sogar einige Übereinstimmungen zwischen dem Tageslauf in der Stadt und jenem auf dem Land. Wenn auch der Botschafter in Rom später aufsteht als sein Freund auf dem Lande, so ist doch bei beiden der Vormittag den Geschäften gewidmet, der Nachmittag dem Spiel und der Erholung und der Abend der geistigen Arbeit, dem Studium der Antike.

Trotz dieser Ähnlichkeiten, trotz der scheinbaren Schlichtheit und Ungezwungenheit, mit der die Schilderung bei Machiavelli in die Mitteilung verschiedener Nachrichten eingeflochten ist, so ist die Schilderung selbst doch in sich ein fein gestaltetes Kunstwerk. Die Lebendigkeit der Darstellung beruht dabei vor allem auf der wiederholten Kontrapunktierung von lauter Geschäftigkeit und Stille, von derbem Volk und erhabenem Geist, von Antike und Gegenwart; ja der ganze Brief ist ein Kontrapunkt zu dem von Vettori – die Gegenüberstellung von Stadt- und Landleben. Genau diese Gegensätze aber sind nicht – oder nicht allein – Wiedergabe seiner ganz individuellen Eindrücke, vielmehr sind sie ein für die humanistische Literatur, und vor allem die Briefliteratur feststehende Topoi: In ähnlicher Weise tauchen diese Gegensätze z. B. in der Beschreibung der Villa des berühmten Humanisten Angelo Poliziano auf, enthalten in dessen Brief an seinen Freund Ficino. Ja diese Topoi ließen sich zurückverfolgen bis in die antike Briefliteratur. So gesehen bietet Machiavellis Brief nichts anderes als »Allgemeinplätze! Was ihn jedoch nicht daran hindert, die lebendige Stimme seiner Zeit widerzuspiegeln.«[32] Der Brief aber ist weit mehr noch als die bloße Darstellung eines Tages auf dem Lande ein Selbstporträt Machiavellis als Intellektueller und Mensch.

Das Selbstverständnis, das hier zutage tritt, ist das der ausgehaltenen, ja ständig bewußt erzeugten Spannung zwischen krassester Derbheit und höchster Vergeistigung, zwischen Leben in der Gegenwart und in der Antike, hautnahem Kontakt mit der Menge und der völligen Abgeschiedenheit des Gelehrten. Machiavelli sieht seinen Reichtum, seine Aufgabe, sein Glück erfüllt im Umgang mit den Alten, für die er sich extra zurechtmacht. Was für ein Unterschied in der Beschreibung der abendlichen Lektüre bei Vettori und Machiavelli! Obwohl sie die gleichen Bücher zur Hand nehmen, liest, so könnte man meinen, jeder etwas ganz anderes darin. Der eine sieht nur die Bestätigung dafür, daß auch die römischen Kaiser nichts taugten, der andere dagegen findet Trost und Erleuchtung, Nahrung, die ihn, trotz mißlicher Lage, am Leben erhält. Dabei ist die Inszenierung, mit der er sich für den Umgang mit der Antike bereitmachte, nicht bloß bildlich gemeint, sondern entsprach dem Stil der Humanisten, denn der Umgang mit den Alten wurde nicht nur gedacht, sondern wirklich gelebt und erlebt. Interieur, Gesten, Sprache und Kleidung mußten sich ändern, um nicht nur eine intellektuelle, sondern eine »intim-fühlbare Beziehung« herzustellen.[33]

Obwohl das Studium und die geistige Arbeit eine so wichtige Rolle für Machiavelli spielten, widmete er ihnen jedoch erstaunlich wenig Zeit. Erst nach einem langen Tag von Sonnenaufgang an blieben gerade einige Stunden am Abend übrig. Auch hier liegt wieder ein kunstvoller und zugleich realer Gegensatz vor: der Tag gehörte den Lebenden, die Nacht den großen Toten. Auch dies war ein humanistischer Gemeinplatz, zugleich aber gesellschaftliche Konvention und sicher auch ein individuelles Bedürfnis Machiavellis. Es war ganz selbstverständlich, daß der *padrone*, wenn er auf seinem Landgut war, sich mit Bauern und Nachbarn unterhielt, und überall persönlich nach dem rechten sah. Es wäre völlig verfehlt, Machiavellis vertrauten Umgang mit Holzarbeitern, Müllern und Fleischern (letztere übrigens die ›Dorfaristokratie‹) als ein Zeichen seiner Armut oder seines tiefen Falls anzusehen. Auch so wenig demokratisch gesinnte Menschen wie Lorenzo der Prächtige oder sein Großvater Cosimo il Vecchio waren dafür bekannt, daß sie sich auf dem Lande wie Bauern kleideten, wie Bauern im Dialekt sprachen und zankten, daß sie eigenhändig die Reben beschnitten, Bäume pfropften und die Erde umgruben.[34] Mit den Bauern umzugehen war nicht zuletzt ein Spaß, besaßen sie doch die Schlagfertigkeit, den Wortwitz und die Lust an der pointierten Formulierung, die Arm und Reich in der Stadt und auf dem Land in der Toskana gemeinsam waren. Auch Machiavelli interessierte in seinem Wäldchen weniger der Fortgang der Arbeiten als die scherzhaften Wortgefechte der Bauern. Denn in Florenz hieß es nicht »Reden ist Silber, Schweigen ist Gold«, sondern »Wer nicht reden kann, kann auch nicht schweigen« (*Chi non sa parlare, non sa tacere*). Auch im Wirtshaus ging das Geschrei sicherlich nicht wörtlich um den *quattrino*, die kleinste Münzeinheit (vgl. Anm. 39): das Spiel war eine – vergeblich immer wieder von Kirche und Staat bekämpfte – Leidenschaft der Florentiner, der sich auch der große Gelehrte ganz rückhaltlos und ohne Scham hingab, ob er nun auf dem Lande oder in der Stadt war. Im Kreise seiner Freunde in der Stadt werden wir davon noch mehr hören.

Die villa war jedoch nicht nur ein Ort, wo der Bürger und Humanist zum Bauern wurde und sich ohne Scham den derbsten Vergnügungen hingab. Die villa war auch ein Ort, wo die Natur nur die Kulisse für eine höchst kultivierte und ganz und gar städtische Form des Vergnügens abgab: die Treffen vornehmer Gesellschaften. Für diese Gelegenheiten mußte die villa einen Garten haben, denn die kultivierte Natur war das Bühnenbild für diese Veranstaltungen, die freilich für einen Machiavelli gänzlich außerhalb seiner Möglichkeiten lagen. Hier waren die wirklich Reichen unter sich. An einer anderen Form solcher Treffen hätte Machiavelli, wenn er früher gelebt hätte, vielleicht teilnehmen können, nicht etwa, weil sie seinen finanziellen Mitteln eher entsprachen, im Gegenteil, sondern weil hier scharfsinnige, gebildete Geister unter sich waren: Gemeint sind die Akademien in der zweiten Hälfte des fünfzehnten Jahrhunderts um Lorenzo den Prächtigen. Diese Zusammenkünfte in den Villen der Medici oder den kleineren Villen der Humanisten Ficino und Poliziano waren keine Vorlesungen oder bloße wissenschaftliche Dispute. Vielmehr kam es bei diesen Treffen im

Medici-Villa ›della Petraia‹

Wechsel von ernsten Gesprächen und zweideutigen Geschichten, Spaziergängen in der Hügellandschaft und Trinkgelagen, Spielen und Belustigungen darauf an, daß eine Atmosphäre kunstvoller Spontaneität entstand, die den eigentlichen Genuß bildete.

Wie in Boccaccios ›Decameron‹ nachzulesen, war der Anlaß für den Aufenthalt in der villa nicht selten die Pest. Seit der großen Epidemie Mitte des vierzehnten Jahrhunderts war sie eine immer wiederkehrende Geißel. Im dichtbesiedelten Italien, das auf die regelmäßige Versorgung mit Lebensmitteln von weither angewiesen war, bildeten Hungersnot und Pest die regelmäßigen Begleiter der fremden Heere, die das Land verwüsteten. War so der Rückzug in die villa eine Möglichkeit, der Pest zu entgehen oder mit den Vorräten aus der Landwirtschaft die Hungersnot zu überstehen, so war andererseits die villa den plündernden Landsknechtshaufen vollkommen schutzlos ausgeliefert. In den Zeiten der Not wurden die Vorräte hastig hin- und hergeschafft. Aus Angst vor der Pest ging man in die villa. Dort jedoch saß man wie eingesperrt, war es doch schwierig, irgendwelche sicheren Nachrichten über die politische Entwicklung zu bekommen, um zu entscheiden, wann der Rückzug in die Stadt ratsam wurde. In seinem letzten Lebensjahr, als sich das Unglück schwärzer denn je über Florenz und Italien zusammenbraute, war Machiavelli wieder unterwegs. Sein Sohn Guido bat ihn dringend um genauere Nachrichten, »haben wir doch noch viel an Wein und Öl im Hause. Vom Öl freilich haben wir zwanzig oder dreiundzwanzig Fäßchen fortgeschafft. Auch die Betten. Was das Übrige angeht, dessentwegen Ihr geschrieben habt, wir sollten Sagrino fragen, ob er es aufnehmen wolle, so hat er zugestimmt. Wir danken Euch sehr dafür, denn es dauert gut zwei bis drei Tage, den ganzen Kram wieder nach San Casciano zu holen.« (Guido an N. Machiavelli 17. April 1527) Machiavelli hatte den Seinen versprochen, zuhause zu sein, bevor »irgendetwas Ernsthaftes« passiert (an G. Machiavelli 2. April 27).

Die Gefahr konnte aber auch von der Stadt selbst drohen. Die platonische Akademie Lorenzos des Prächtigen hatte nach dessen Tod nicht nur als geistig kulturelle Institution zu existieren aufgehört. Auch die Anwesen, wo die Treffen stattgefunden hatten, existieren in dieser Form nicht mehr: Außer Poggio a Caiano wurden die Villen der Medici nach ihrer Vertreibung (1527) geplündert und in Schutt und Asche gelegt.

»Was mir geblieben ist, sind Verwandte und Freunde«

Familie und Klientel

Von der Dreiheit *casa, bottega, villa*, mit der der Florentiner Bürger seinen Wohlstand nach außen repräsentierte, besaß Machiavelli wirklich nur die Mindestausstattung. In dieser Hinsicht war ihm mancher Handwerker, mancher Angehörige des *popolo minuto*, des kleinen Volkes, überlegen. Aber der materielle Wohlstand war nicht das einzige und nicht das wirklich Entscheidende für die Zugehörigkeit zum *popolo grasso* in Florenz. Was in erster Linie zählte, war der Name, die Familie. Achtunggebietend war ein Familienname aber nicht wie beim Adel dann, wenn er blaues Blut verriet, wenn man den Familienstammbaum bis auf Adam und Eva, bzw. auf Julius Caesar und damit auf Venus zurückführen konnte. Solche Spielchen wurden erst später, im Rahmen der ›Refeudalisierung‹ üblich. Solange in Florenz noch der Geist der Republik in welcher Form auch immer lebendig war, solange die *modi civili* die Umgangsformen bestimmten, wurde ein Familienname danach beurteilt, welche Rolle er im politischen Leben der Stadt gespielt hatte und noch spielte, und wie er in das Netzwerk der anderen Familien eingebunden war. Dennoch hatte die Familie sehr viel mit den alten Adelsclans gemeinsam, denn die *famiglia* bezeichnete etwas ganz anderes als unser heutiger Begriff Familie. Zweierlei konnte damit gemeint sein: Entweder die Verwandtschaft oder das Haus einschließlich Dienern, Mägden und sogar Sklaven.[35] Eines der berühmtesten Werke zu diesem Thema, Leon Battista Albertis ›Della Famiglia‹ aus den Jahren 1434/41 wurde in einer deutschen Ausgabe sehr zutreffend mit ›Vom Hauswesen‹ übersetzt.[36] In Albertis und anderen Abhandlungen über die *famiglia* – ein wichtiges Thema der humanistischen Literatur – werden Idealfamilien konstruiert, als eine Art kleines Kunstwerk im Gesamtkunstwerk des Staates, eingebettet in die christliche Gemeinschaft. Dagegen erscheint in Machiavellis Briefwechsel Familie und famiglia sehr viel prosaischer als selbstverständliches, lebensnotwendiges Instrument im täglichen Kampf gegen die Unbilden von Natur *und* Gesellschaft, aber auch als eine Art Zwangsjacke, aus der man nicht so leicht herauskam. Vor allem aber hat die Familie bei Machiavelli nichts mit christlicher und kaum etwas mit menschlicher Liebe zu tun. Dabei äußerte sich Machiavelli ganz ohne Polemik oder Kritik; in gewisser Weise geben seine Äußerungen die ›gängigen‹ Vorstellungen seiner Mitbürger wieder. Diese wurzeln im tiefen Mittelalter, gehen zuweilen bis auf die Antike zurück und sind doch gleichzeitig auf ganz ›moderne‹ Weise nüchtern, manchmal wirken sie fast zynisch.

Bezeichnend dafür ist Machiavellis Verhältnis zu seinem engsten Familienkreis, oder – genauer – die Tatsache, daß er über dieses Verhältnis so gut wie nichts verlauten läßt. In dem Brief, in dem er seinen Tageslauf in der villa beschreibt, spricht Machiavelli über den Kontakt mit allen möglichen Leuten, aber seine Familie kommt nur in einem Nebensatz vor. Den ganzen Tag über widmet er ihr nur die Zeit des Essens. Dabei hatte er zu diesem Zeitpunkt – 1513 – nicht nur eine Frau, sondern auch zwei Söhne, der ältere war bereits zehn Jahre alt. Zwei Kinder waren bald nach der Geburt gestorben und Marietta gebar noch ein Mädchen und drei Söhne, den letzten 1525/26.[37] Aus Machiavellis gesamtem Briefwechsel hat sich kein einziger Brief an seine Frau erhalten – obwohl einmal einer in einem anderen Brief erwähnt wird – und seine Frau und seine Familie tauchen fast ausschließlich in Briefen an Verwandte auf. Nimmt man die vielen Briefe an seine Freunde, wo Machiavelli – scheinbar – über alles und jedes schreibt, so könnte man meinen, er sei immer Junggeselle geblieben. Dabei brauchte sich Machiavelli seiner Frau Marietta gewiß nicht zu schämen: sie stammte aus der angesehenen Familie der Corsini, und es gibt keinen Hinweis darauf, daß sie sonst irgendwie nicht vorzeigenswert gewesen wäre. Außerdem konnte sie gut genug lesen und schreiben, so daß sie, vor allem in der Zeit vor 1512, als Machiavelli fast ständig unterwegs war, wohl manchmal mehr verdient hätte als die flüchtigen und formelhaften Grüße in den Briefen an andere. In dem einzigen Brief, der von Marietta selbst erhalten ist, schreibt sie – in einem Italienisch, das auch nicht schlechter ist als das vieler anderer Briefpartner Machiavellis – über die Geburt ihres ersten Sohnes: »Wundert Euch nicht, daß ich bisher nicht geschrieben habe, denn ich hatte Fieber, ich bin nicht bös'. Bisher geht's dem Kind gut, es ähnelt Euch, es ist weiß wie Schnee, hat lauter schwarze Haare wie Ihr, und weil es Euch ähnlich sieht, erscheint es mir schön. Es hat ausgesehen, als sei es schon ein Jahr auf der Welt, hat die Augen schon offen gehabt und geschrien, daß man es durch's ganze Haus gehört hat« (Marietta an M. 24. Nov. 1503). Aus dem Schweigen Machiavellis gegenüber Marietta irgendwelche Rückschlüsse auf sein persönliches Verhältnis zu seiner Frau zu ziehen, wäre allerdings verkehrt. Dieses Schweigen besagt lediglich, daß dies kein Thema für ihn war, daß hier ein für niemand Außenstehenden zugänglicher Bereich begann.

Etwas mehr ist über Machiavellis Verhältnis zu seinen Kindern zu erfahren, denn es existieren einige Briefe an seine Söhne – natürlich kein einziger an die beiden Töchter – sowie einige Briefe der Söhne an den Vater. In diesen Briefen zeigt Machiavelli sich durchaus als liebevoller und manchmal launiger Vater, dessen Hauptsorge neben der Gesundheit der Kinder deren Ausbildung und Fortkommen war. Machiavelli, der seinen Freunden gegenüber die Tiefstapelei, die Klage über seine Armut und sein Elend manchmal schon fast penetrant übertrieb, kehrte den Söhnen gegenüber den Mann heraus, der seine Verbindungen spielen lassen kann und es zu etwas gebracht hat. Er, der sich mit seinen Freunden eins war, daß es »ihm nicht einfalle, an etwas Übernatürliches zu glauben« (F. Vettori an M. 5. Aug. 1526), war den Kindern gegenüber der fromme Hausvater. An seinen Sohn Guido schrieb er kurz vor seinem Tod: »Wenn der Herrgott Dich und mich am Leben erhält, dann, glaube ich, kann ich etwas Tüchtiges aus Dir machen, wenn Du das Deinige dazu beiträgst. Abgesehen von meinen anderen mächtigen Freunden, die ich habe, habe ich neuerdings auch die Freundschaft des Kardinals Cibo gewonnen, und zwar so sehr, daß ich mich selbst wundere. Dies wird Dir sehr zugute kommen. Aber Du mußt tüchtig lernen..., denn Du siehst, wieviel das wenige, das ich kann, an Ehre eingebracht hat.« (an G. Machiavelli, 2. April 1527)

Außer Kindern und Ehefrau gehörten zur *famiglia* im Sinne des Clans oder der antiken *gens* in erster Linie die Blutsverwandten der männlichen Linie, die die *consorteria* bildeten. In einigen großen Familien trat die consorteria in einem regelrechten Familienrat, mit Statuten, Ämtern und regelmäßigen Versammlungen, zusammen.[38] Bis in den Namen hinein waren diese bürgerlichen *consorterie* ein Abbild der alten Familienclans des Adels, gegen die die Florentiner Bürger einst so lange und so erfolgreich gekämpft hatten – die *ordinamenti di giustizia* von 1293 verboten genau diese Form der *consorterie*. Und die Verwandtschaft lebte auch – genau wie früher der Adel – möglichst dicht beieinander, entweder im selben Haus oder in mehreren nahe beieinander liegenden, möglichst um einen Platz gruppierten Häusern. Ein heute noch sichtbares Beispiel für diese Wohnform sind die drei palazzi Mozzi im Oltrarnoviertel, wenige Straßen von der heutigen Via Guicciardini entfernt, wo einst das Haus der Machiavelli stand. Die Wohnverhältnisse darf man sich dabei auch in gutsituierten Familien durchaus beengt und ›ungemütlich‹ vorstellen. Durch Ein-, Um- und Anbauten wurden die Häuser, die ja in der Regel ziemlich alt waren, den wechselnden Bedürfnissen der sich wandelnden Verwandtschaftsstruktur angepaßt. Die Häuser waren finster und unpraktisch, viele verfügten noch nicht über Kamine, weshalb sich die Küche entweder auf dem Dach oder im Hof befand.

Aber diese Beengtheit kümmerte und drückte niemand, jedenfalls die Männer nicht, denn sie hielten sich kaum zuhause auf. Wie Machiavelli sich in seiner Villa kaum bei der Familie im Hause aufhielt, so tat er dies umso weniger in der Stadt. Sein Haus findet in den Briefen kein einziges Mal Erwähnung, denn es war in erster Linie dazu da, seine Familie, d. h. seine Frau und seine Töchter vor den Blicken und boshaften Zungen der Mitbürger zu verschließen. Anders freilich war dies in den neuen palazzi der großen Familien. Aber so groß die auch waren – und sie nahmen ja den Raum eines ganzen Häusergevierts ein –, boten sie doch in anderer Weise nicht genügend Raum. Die riesigen Säle eigneten sich nicht für das Zusammenleben der Familien und Individuen eines ganzen Clans, sie waren für eine privatere Form des Familienlebens konzipiert, die es eigentlich noch kaum gab. So stand z. B. der riesige palazzo Strozzi noch zu Beginn des sechzehnten Jahrhunderts, also gut fünfzig Jahre nach seiner Entstehung, praktisch leer – die steinerne Dokumentation eines Familiennamens.

Um die *consorteria* herum legte sich wie ein zweiter lockerer Gürtel die ›angeheiratete Verwandtschaft‹, der *parentado*. Um den *parentado* zu erweitern, waren Töchter ein wichtiger Teil der Familie, aber auch ein problematischer, denn die Töchter mußten eine Mitgift in die Ehe mitbringen. Heirat als Instrument, die *consorteria* oder den *parentado* zu erweitern, war deshalb ein diffiziles Unternehmen, manchmal eine Staatsaffäre im wahrsten Sinne des Wortes, die das Leben einer *famiglia* über Jahre hinaus aufs Äußerste beschäftigte – und nicht nur das Leben der *famiglie* des möglichen Brautpaares, sondern eigentlich die ganze Stadt. Denn die Ehen des *popolo grasso* knüpften einen neuen Knoten in immer dasselbe Netz der Namen aus

In einem Florentiner Haushalt
Gemälde von VITTORE CARPACCIO

zwei- bis dreihundert Familien. Denn eine Fremde oder einen Fremden zu heiraten, galt als die Verletzung eines ungeschriebenen Gesetzes. Als Piero de' Medici seinen Sohn Lorenzo (den Prächtigen) mit der Römerin Clarice Orsini verheiratete, und damit Bande zu einer der zwei mächtigsten Adelsfamilien Roms knüpfte, war dies eine Machtprobe ersten Ranges, ein Beweis dafür, daß die Medici ihre Mitbürger nicht als Freunde, sondern als Untertanen betrachteten. Daß sie diese Machtprobe bestanden, war einer der wichtigsten Schritte auf dem Weg zum Titel ›Herzöge der Toskana‹.

So wenig Machiavellis Briefe über seine eigene Familie Auskunft geben, über das, was uns heute als das eigentliche Familienleben erscheint, so viel erfahren wir über die Wichtigkeit und die Umstände von Eheschließungen, denn Machiavelli betätigte sich eifrigst als ›Heiratsvermittler‹. Heiraten ins Auge zu fassen und Familienbeziehungen auszuknobeln, war eine Art Gesellschaftsspiel. Mit seinen Freunden saß Machiavelli zusammen und überlegte, was da in Frage käme. »Wir reden von nichts anderem«, schrieb er an seinen Freund Vettori, als einer der gemeinsamen Freunde drei Tage nach dem Tode seiner

Frau eine neue Ehe ins Auge faßte (an F. Vettori, 16. April
1513). Aber der spielerische Charakter solcher Eheanbahnungen verlor sich schnell, sobald die Aussichten konkret wurden.
Dann nämlich ging es um harte Tatsachen, um Geschäftskalkül,
Ehre und Verwandtschaft. Und daß Machiavelli über diese allgemeinen Geschäftsbedingungen genauestens Bescheid wußte,
zeigt ein Brief an seinen Neffen Giovanni Vernaccia, in dem
verwandtschaftliche Solidarität und Eigen- und Geschäftsinteresse Hand in Hand gehen. Giovanni, der Sohn von Machiavellis
Schwester Primavera, war als Kommissionär mehrerer Florentiner Geschäftsleute in Pera am Schwarzen Meer tätig, eine Aufgabe, die eine typische Kaufmannskarriere einzuleiten pflegte.

Niccolò Machiavelli an Giovanni Vernaccia
20. April 1514

Liebster Giovanni!
... Er [der mögliche Brautvater – F. H.] ist ein sehr reicher
Handwerker, der eine Tochter hat, die ein bißchen hinkt,
aber ansonsten hübsch ist, und sehr brav. Nach Auskunft
seiner Zunft ist es eine gute Familie, denn sie haben politische Ämter innegehabt. Ich denke, wenn er Dir 2000 Florin
zu 4 Lire gibt und Dir verspricht, ein Geschäft bei der Wollzunft zu eröffnen und Dich als Kompagnon oder Geschäftsführer einzusetzten, so wäre das für Deine Bedürfnisse genau das Richtige, wenn Du sie zur Frau nähmest. Ich denke
nämlich, daß Dir sicher 1500 Florin übrigblieben, und daß
Du damit und mit der Hilfe des Schwiegervaters Dir Wohlstand und Ansehen verschaffen könntest. ...

Aber nicht nur für seine eigene *famiglia* kümmerte sich Machiavelli um vielversprechende Partien, sondern auch für seine
Freunde. Dabei nahm er sich viel vor, denn eine ›wichtige‹ Ehe
in die Wege geleitet zu haben, war auch für die Beteiligten ein
ehrenvolles Unterfangen, das einem später zugute kommen
konnte. Machiavelli wollte eine Ehe zwischen einer der Töchter
seines Freundes Francesco Guicciardini und dem Sohn Filippo

Strozzis zustandebringen. Francesco Guicciardini war zwar Sproß einer sehr angesehenen Florentiner Familie und als Gouverneur des Medici-Papstes in den Provinzen des Kirchenstaates am Po, in Modena und Reggio Emilia verdiente er 160 Dukaten im *Monat*. Das war mehr als Machiavelli als Sekretär der Republik Florenz im Jahr bekommen hatte.[39] Außerdem verstand sich Guicciardini neben Politik und Schriftstellerei durchaus auch auf Gewinn und Verlust, sodaß er am Rande seiner Amtstätigkeit manchen einträglichen Handel in Seide und, wie wir schon gesehen haben, in Grundstücken tätigen konnte.[40] Aber all dies war nicht zu vergleichen mit der Familie Strozzi, der zweifelsohne reichsten und einflußreichsten in Florenz, die die Herrschaft der Medici unerschütterlich machte, solange sie auf deren Seite stand, die aber durchaus in der Lage war, diese Herrschaft in ernste Gefahr zu bringen. Weil die Medici unter Lorenzo dem Prächtigen mit allen ihnen zu Gebote stehenden Mitteln verhindert hatten, daß die Familie Strozzi an irgendein politisches Amt kam, war deren Familienoberhaupt Filippo Strozzi die meiste Zeit im mehr oder weniger freiwilligen Exil. Dennoch hatte er sich unter Piero Soderini aus persönlicher Abneigung gegen diesen demonstrativ auf die Seite der wiedererstarkenden Medici-Sympathisanten gestellt. Er heiratete Clarice Medici, eine Tochter Pieros des Pechvogels, und dies war eine unmißverständliche Kampfansage gegen Soderini, die dieser auch verstand und mit Strozzis Verbannung beantwortete. Nach der Rückkehr der Medici 1512 wurde Filippo Strozzi zum mächtigsten Mann in Florenz, und als Finanzverwalter des Medici-Papstes verkehrte er bald auch im engsten Kreise der Kurie. Nach dem frühen Tod des Lorenzo de' Medici 1519, auf den er alle seine Hoffnungen gesetzt hatte, verlor er zwar etwas an Einfluß, blieb aber – noch – ein Mann der Medici-Partei. Aus dieser Zeit datierte seine Freundschaft mit Machiavelli, den er seinen »lieben Freund« nannte (F. Strozzi an M., 31. März 1526).

Diese Freundschaft war nicht zuletzt durch Filippos Frau Clarice und seinen dichtenden Bruder Lorenzo gefördert worden. Machiavelli konnte sich so als enger Freund der Familie dem ehrgeizigen Plan widmen, eine der vier Töchter Guicciardinis mit dem Sohn Lorenzos zu verheiraten. Das Unterfangen scheiterte jedoch an den Vorstellungen des jungen Mannes über die Mitgift, wie der Vater in wohl sehr geheucheltem Bedauern Machiavelli gegenüber mitteilte. Die Mitgift war ein Problem, das die ganze Familie betraf und auch für den Staat nicht ohne Interesse war. Aus der Mitgift der zuerst verheirateten Tochter ergab sich der ›Standardsatz‹ für die weiteren, und vor einem Sohn mußte zuerst die Tochter verheiratet werden, denn wer eine »außerordentliche Mitgift will, muß auch in der Lage sein, sie [seinen Töchtern – F.H.] zu geben« (an F. Guicciardini, 2. Juni 1526). Seit dem fünfzehnten Jahrhundert existierte auch eine staatliche Mitgiftkasse, der *Monte delle doti*, die für den Staat eine große Summe festangelegten Geldes, für die Töchter eine sichere Mitgift versprach. Auf eine eingezahlte Summe von 104 Florin z. B. erhielt man nach fünfzehn Jahren eine Mitgift von 1000 Florin ausgezahlt. Aber das waren Summen, die für einen Strozzi nicht ausreichten.

Die Lösung, die Machiavelli ersann, um die Mitgift aufzustocken, spricht Bände über die Verquickung von geschäftlichem Kalkül, Familieninteresse und Politik, nicht zu vergessen die Kirche und ihre Würdenträger. Machiavelli nämlich schlug Guicciardini vor, den Papst um einen Beitrag zur Mitgift zu bitten. Wenn er für seine eigene Person die Spielregeln auch oft selber mißachtete, seinem Freund erteilt er damit eine sehr konkrete Lektion.

Niccolò Machiavelli an Francesco Guicciardini
(etwa 25. Dezember 1525)

Herr Präsident
Filippo Strozzi hat Söhne und Töchter auf dem Buckel und wie er nicht nur für seine Söhne angesehene Verbindungen sucht, möchte er auch seine Töchter ansehnlich unterbringen. Dabei dachte er, wie alle klugen Leute, daß es dann wie mit der ersten auch mit den anderen gehen würde. Aus der Schar der jungen Männer faßte er einen Sohn des Giuliano Capponi ins Auge und hätte ihr 4000 Florin Mitgift gegeben, fand aber keine Gegenliebe, weil es Giuliano nicht in seine Vorstellungen paßte. Da Filippo für sich selbst gar keine Möglichkeit sah, diesmal mit der Mitgift so weit hinaufzugehen, daß er es in den späteren Fällen ebenso würde halten können, wandte er sich um Rat und Hilfe an den Papst. Auf dessen Empfehlung nahm er mit

Lorenzo Ridolfi Beziehungen auf und schloß mit 8000 Florin Mitgift ab, von denen der Papst 4000 Florin zahlte und er ebenfalls 4000.

Auch Pagolo Vettori wandte sich, als er in eine angesehene Verwandtschaft kommen wollte und er selbst nicht so viel hatte, um eine hinreichende Mitgift aufzubringen, an den Papst, der ihm mit seinem Einfluß und 2000 Gulden aus seiner Kasse zum Glück verhalf.

Lieber Herr Präsident, wenn Ihr die erste Bresche auf diesem Wege zu schlagen hättet, würde ich zu denen gehören, die Euch nicht ohne weiteres raten, ihn zu gehen. Aber da er Euch von zwei Männern vorgebahnt ist, die Euch weder an Stand, noch Verdiensten noch in irgendwelcher sonstigen menschlichen Eigenschaft überlegen sind, so werde ich Euch stets raten, beherzt und ohne falschen Respekt dasselbe zu tun, was sie getan haben. Filippo hat an den Päpsten 150 000 Dukaten verdient und nicht gezögert, den Papst in besagter Schwulität anzuzapfen, umso viel weniger braucht Ihr Bedenken zu haben, da Ihr nicht einmal zwanzigtausend an ihm verdient habt. Dem Pagolo ist unzählige Male und auf ungezählte Weisen geholfen worden, nicht durch Posten, sondern durch Bargeld, und doch hat er hinterher den Papst hemmungslos um Unterstützung bei seinem Projekt angegangen. Umso weniger Hemmung braucht Ihr zu haben, da ja Eure Unterstützung für den Papst keine Last, sondern eine Ehrensache und nützliche Angelegenheit sein wird. Ich will Euch weder an Palla erinnern, noch an Bartolommeo Valori und die vielen vielen anderen, denen aus dem Säckel des Papstes Unterstützung in ihren Vorhaben zugeflossen ist; diese Beispiele sollen Euch nur lehren, kühn zu fordern und fest an die Erfüllung Eurer Forderung zu glauben. Ich an Eurer Stelle würde Eurem Agenten in Rom einen Brief schreiben, den er dem Papst mündlich vortragen sollte, oder ich würde ein Schreiben direkt an den Papst vom Agenten überreichen lassen, der insgeheim eine Abschrift davon bekommen muß, damit er sich für eine entsprechende Antwort einsetzen kann. Ich würde in dem Schreiben zum Ausdruck bringen, daß Ihr Euch zehn lange Jahre für Vermehrung Eures Ansehens und Vermögens abgeschuftet habt, was Euch zwar nach Wunsch gelungen ist, aber nur unter mancherlei Nöten und unter den allergrößten persönlichen Gefahren, daher Ihr denn nächst Gott dem Papste Leo seligen Andenkens und Seiner Heiligkeit dankbar seid, weil Ihr ihnen alles schuldet. Nur zu gut wüßtet Ihr um die ewige Wahrheit, daß Menschen zehnmal in allen Ehren gehandelt haben können, aber ein einziger Fehler, zumal wenn es sich um etwas von einigem Gewicht dreht, imstande ist, alles vorhergegangene auszulöschen, und da Ihr nun überzeugt seid, in vieler Hinsicht in der Rolle eines rechtschaffenen Mannes nicht versagt zu haben, wollt Ihr Euch keinen Fehler leisten. Nach einer solchen Präambel würde ich nun Euren speziellen Fall darlegen: daß Ihr nämlich keine Söhne, jedoch vier Töchter habt, und es nun an der Zeit sei, die erste zu verheiraten. Wenn dies aber nicht unter Bedingungen geschehen könnte, die Euren anderen Unternehmungen entsprächen, müßtet Ihr glauben, Ihr hättet überhaupt nie etwas erreicht. Hiernach wäre klar zu machen, daß Euren Absichten sich nur die schlechten Sitten und perversen Bräuche der heutigen Zeit entgegenstellen, indem, mit anderen Worten gesagt, ein junger Mann, je vornehmer und reicher er ist, eine umso größere Mitgift erwartet und dagegen alle anderen Überlegungen zurückstellt, und es sich zur Schande anrechnet, wenn er nicht an eine große, ja jedes Maß überschreitende kommt. Denn wenn Ihr auch diesmal 3000 Dukaten aufbringen könntet, so würden vier Töchter eben 12 000 Dukaten wegtragen und das wäre schlechthin alles, was Ihr an Vermögen in Gefahren und Nöten erworben habt. Und doch wäre es nur halb soviel, als diese jungen Männer erwarten, sodaß Ihr in Erkenntnis dessen keinen anderen Ausweg seht, als Euch, gleich den engeren Freunden Ihrer Heiligkeit, zu denen Ihr Euch glaubt rechnen zu dürfen, zu erkühnen, bei Ihrer Großmut Zuflucht zu suchen in der festen Zuversicht, daß Euch nicht abgeschlagen werde, was anderen gewährt wurde. Und nun würde ich bekennen, welchen jungen Mann Ihr im Auge habt und Eurer Überzeugung Ausdruck geben, daß die Schwierigkeit einzig und allein in der Höhe der Mitgift liege und Seine Heiligkeit gewiß geruhen werde, sie aus der Welt zu schaffen. Und hier müßt Ihr nun den ganzen Schatz an wirksamen Worten, der Euch zu Gebote steht, aufbieten, um ihn zu beknieen und zu fesseln, damit ihm klar wird, wie wichtig Euch die Sache ist, und wenn wirklich in Rom auf diese Weise verfahren wird, bin ich absolut sicher, daß

Ihr Erfolg habt. Ihr müßt nur selber fest daran glauben und wenn es Wetter und Jahreszeit erlauben, wäre es wohl am aussichtsreichsten, Euren Girolamo hinzuschicken, denn es kommt wirklich alles darauf an, ganz verwegen zu fordern und sich im Falle einer Ablehnung schwer gekränkt zu zeigen. Alle Fürsten neigen dazu, leicht neue Wohltaten denen zu erweisen, die sie früher schon bedacht haben, und fürchten sehr, daß man der alten vergißt, wenn sie sich einmal ungnädig zeigen, sodaß sie stets schnell bereit sind, neue zu gewähren, vorausgesetzt sie werden auf solche Weise angegangen, wie ich wollte, daß Ihr Eure Forderung vorbringt. Ihr müßt klug sein ...

Lebt wohl!
Niccolò Machiavelli,
Historiker, Komödien- und Tragödienschreiber

Der Hochzeitszug
um 1440, ›Meister des Adimari-Cassone‹

Fand eine solche wichtige Verbindung, wie die von Machiavelli geplante – die freilich in den Wirren des Jahres 1527 unterging – dann endlich statt, so war dies ein Anlaß für die öffentliche Zurschaustellung des Privatlebens. Hochzeiten, später Taufen und auch Todesfälle waren Ereignisse, bei denen sich das sonst so trutzig verschlossene Haus öffnete, jedoch nur, um den Blick auf ein sorgfältig einstudiertes Spektakel freizugeben. Der ideale Ort für solche Selbstdarstellungen der besseren

Familien, bei denen die Frauen als Bräute und Mütter im Mittelpunkt standen, waren die Loggien. Bezeichnenderweise kamen sie im sechzehnten Jahrhundert aus der Mode, denn mit dem Untergang der Republik ging auch der in der Loggia verkörperte Lebensstil verloren. Die ›bürgerliche Aristokratie‹ hatte es nicht mehr nötig, sich im Kreise ihrer Mitbürger aufzuhalten und doch ein Stück Distanz zu wahren. Denn genau diese Funktion erfüllten die Loggien, die entweder neben, manchmal auch gegenüber dem Hause Raum für die Teilnahme des Stadtviertels an den Festen der Familie schuf. Über manche solcher Feste wird Sagenhaftes berichtet, es gab tagelange Bankette und Darbietungen, Tische auf Plätzen und Straßen. Für die Hochzeit seines Sohnes Bernardo hat z. B. Giovanni Rucellai, der Auftraggeber des eindrucksvollen palazzo der Familie, dessen Loggia noch erhalten ist (erbaut 1446-51), eine Hochzeitsgesellschaft von 500 Personen acht Tage lang bewirtet[41] und dafür ein riesiges Holzpodest errichten lassen. Da es in Florenz – jedenfalls

Festmahl
frühes 15. Jh., ›Meister der Jarves-Cassoni‹

innerhalb des alten Mauerrings aus dem zwölften Jahrhundert, dem eigentlichen Florenz – keine ausgesprochenen Armenviertel gab, standen die palazzi der großen Familien inmitten eines ganz gemischten sozialen Milieus. Durch Großzügigkeit bei solchen familiären Gelegenheiten entstand eine Klientel, die bei vielen anderen Anlässen, bei religiösen und staatlichen Feiertagen nützlich werden konnte. Es genügt, an die alle zwei Monate festlich begangene Einführung des neuen *gonfaloniere della giu-*

stizia zu denken. Wenn das einfache Volk, der *popolo minuto*, zwar institutionell von der Teilnahme am politischen Leben ausgeschlossen war, so war es doch über Nachbarschaft und Stadtviertel durchaus an allen Bewegungen des politischen Lebens beteiligt, als manövrierbare Masse, aber auch als stets lauernde Gefahr. Die sichere Anhängerschaft der Medici in den Straßen um den palazzo Medici, vor allem in der via San Gallo, war z. B. 1494 plötzlich wie vom Erdboden verschluckt, und als Piero der Pechvogel aus der Stadt geflohen war, wurde der Palazzo geplündert. Und auch bei so erfreulichen Anlässen wie der Wahl Giulio de' Medicis zum Papst blieb der palazzo in der via larga sorgfältig geschlossen, damit er nicht aus lauter Freude geplündert würde.[42]

Wahre und mächtige Freunde

Die Nachbarn waren Teil der ›Freunde‹, die mehr oder weniger eng zur *famiglia* gehörten und diese in ihrer Funktion unterstützten und erweiterten. Nicht umsonst war das vierte Buch von Albertis ›Della Famiglia‹ der Freundschaft gewidmet, und Machiavelli nannte »Verwandte und Freunde« in einem Atem den einzigen Trost in seinen schwersten Jahren (an Giovanni Vernaccia, 19. Nov. 1515). Der Kreis der Freunde umgab das Individuum neben *consorteria* und *parentado* wie eine weitere schützende, aber manchmal auch ein bißchen lästige Schicht. Das Thema Freundschaft gehörte ganz allgemein zu den großen Themen der Renaissance-Literatur und damit des Renaissance-Bewußtseins – Freundschaft in vielen Schattierungen: als die heilige große Freundschaft zwischen geistesverwandten Individuen, Freundschaft als Ausdruck politischer Anhängerschaft und Freundschaft als Kumpanei. Machiavellis Briefe spiegeln die Freundschaft in verschiedenen dieser Nuancen. Aus dem Briefwechsel lassen sich unterschiedliche Kreise ablesen, denen Machiavelli entweder als Mittelpunkt oder am Rande angehörte. Sie überlagerten sich und veränderten sich, aber sie waren doch immer zentriert durch die *famiglia* einerseits und die Stadt andererseits, verbunden durch die *fiorentinità* als Herausforderung an den Rest der Welt.

Die wichtigsten Briefpartner und sicherlich engsten Freunde Machiavellis in der Zeit nach 1512 waren Francesco Vettori und Francesco Guicciardini. Beide waren jünger als er, Vettori nur um fünf, Guicciardini immerhin um vierzehn Jahre. Beide stammten aus wohlhabenderen und in das Netz der Florentiner Familien dichter verwobenen Familien, und ihre eigentliche Karriere begann erst mit der Rückkehr der Medici 1512. Vettoris Doppelrolle bei dieser Gelegenheit zahlte sich nicht sonderlich aus, denn er mußte für lange Zeit die undankbare Rolle des Botschafters in Rom spielen. Guicciardini dagegen, der sich 1512 gerade als Botschafter in Spanien aufhielt, verzögerte seine Rückkehr, bis sich der Sturm gelegt hatte, und wurde danach von Papst Leo X. zum mächtigsten Mann in den kirchlichen Provinzen erhoben. Nicht obwohl, sondern gerade weil Vettori und Guicciardini unter den Medici nach 1512 Karriere machten, wurden sie zu den vertrautesten Briefpartnern Machiavellis, als dieser seiner Ämter enthoben und auf der Suche nach einem neuen Lebensunterhalt war, denn in ihren politischen und moralischen Grundeinstellungen stimmten alle drei überein.

GIORGIO VASARI,
Lorenzo de'Medici,
›il Magnifico‹

Mit der Vielzahl seiner Briefe an den nur um wenige Jahre jüngeren Vettori in der Zeit unmittelbar nach seiner Entlassung hatte Machiavelli auch die – allerdings vergebliche – Hoffnung verknüpft, in seinem Freund einen einflußreichen und wirksamen Fürsprecher zu finden. Daß er später doch endlich noch einen Zipfel von der Macht ergattern konnte, verdankte er einem weiteren Freundeskreis, in dem sich nach dem Beispiel der Platonischen Akademie Lorenzos des Prächtigen Geist und Macht trafen. Die Medici selbst freilich waren, wenn überhaupt, nur als gelegentliche Gäste anwesend, die regelmäßigen Treffen der Freunde genossen aber ihre zwar stillschweigende, doch unzweifelhafte Duldung, denn die meisten Besucher des Kreises hatten auch direkten Zugang zum palazzo in der via larga oder

DOMENICO GHIRLANDAIO
*Die Humanisten Angelo Poliziani, Cristoforo Landino,
Marsilio Ficino und Gentile de Becci;*
Ausschnitt aus einem Fresko in Santa Maria Novella

sogar zum Vatikan. Diese Fortführung der Akademie der großen Humanisten war freilich nur deren schwacher Abglanz, und wenn nicht Machiavelli zu ihr Zugang gefunden hätte, wäre wohl kaum eine Erinnerung an diesen Kreis geblieben, die anderen Freunde waren zwar reich, gebildet und diskutierfreudig, haben selbst aber kaum eigene Werke von nennenswertem Belang hinterlassen. Die Mitglieder der Akademie Lorenzos des Prächtigen dagegen hatten einer ganzen Epoche ihren Stempel aufgedrückt.

Der Treffpunkt für diesen gelehrten Freundeskreis, zu dem Machiavelli wahrscheinlich 1515/16 Zutritt fand, waren die ›Orti oricellari‹, die Lackmusgärten, benannt nach der Pflanze, die man zum Färben verwandte, und die auch den Besitzern der Gärten ihren Namen gegeben hat: der Familie Rucellai. Außerhalb des Mauerrings aus dem zwölften Jahrhundert, wo die Stadt noch locker bebaut war und viele Grünflächen vorhanden waren, hatte Bernardo Rucellai eine Art Stadtvilla erbauen lassen, von der heute noch in der Nähe der Kirche Santa Maria Novella die kleine via degli orti oricellari zeugt. Es war kein großer, aber ein eleganter Palazzo, der vor allem mit einem schattenreichen Garten umgeben war. Hier trafen sich junge

Leute zu gelehrtgeistreichen Unterhaltungen um Bernardo und nach dessen Tod, 1514, um dessen gichtkranken Neffen Cosimino, der wegen seiner Krankheit immer auf Polster gebettet zu Hause bleiben mußte. In diesem Kreis einer jeunesse dorée zirkulierte wahrscheinlich Machiavellis ›Fürst‹, hier las er aus seinen ›Discorsi sopra la prima Deca di Livio‹ (Abhandlungen über die ersten zehn Bücher des Livius) und hier ließ er auch den Dialog seiner 1520 entstandenen ›Kriegskunst‹ stattfinden. In den Mittelpunkt dieses Gesprächs stellte Machiavelli Cosimino Rucellai selbst, der schon 1519 seinem Leiden erlegen war. Gewidmet war das Buch Lorenzo Strozzi, dem Bruder des mächtigen Filippo Strozzi, dem Machiavelli auch bei dessen eigenen literarischen Versuchen geholfen hatte.

Damit war der bescheidene Durchbruch geschafft. Der Kardinal Giulio de' Medici, der nach dem Tode Lorenzos, und bevor er selbst als Papst Clemens VII. nach Rom gehen sollte, die Familiengeschäfte in Florenz leitete, ließ Machiavelli damit beauftragen im Namen des *studio fiorentino*, der Florentiner Universität in Pisa, eine Geschichte von Florenz zu schreiben, für ein auf zwei Jahre ausgesetztes Gehalt von hundert Florin zu vier Lire, sogenannte ›fiorini di suggello‹, die Hälfte von dem, was Machiavelli als Sekretär der Republik erhalten hatte! Ein Jahr später erhielt Machiavelli einen Brief von seinem einstigen Vorgesetzten Piero Soderini, der sich zusammen mit seinem Bruder, dem Kardinal Francesco, nach langem Schweigen entschieden auf die Seite der römischen Feinde der Medici, der Familie Colonna, gestellt hatte. Soderini bot ihm den Posten eines Sekretärs bei den Colonna an, mit einer Bezahlung von 200 Golddukaten plus Spesen. Und nicht nur mit Geld versuchte Soderini Machiavelli noch einmal zu verlocken, sondern auch mit seiner Liebe zur Antike, der das Kriegshandwerk mehr gegolten hatte als bloße Schreibtischtätigkeit: »dieses Angebot halte ich für besser als dort zu bleiben und um minderwertige Florin Geschichten zu schreiben« (P. Soderini an M., 13. April 21). Aber Machiavelli war eben nicht der kühne und wendige Machtmensch, von dem er schrieb. Er hing zu sehr an seiner Stadt, seinen Freunden und auch an seiner Familie. Mit seiner Beharrlichkeit, mit seiner Geduld und Leidensfähigkeit widersprach er allem, was er anderen riet. Damit bewies er schließlich auch seine absolute Ungefährlichkeit. Als 1522 eine Verschwörung aufgedeckt wurde, in die seine Freunde aus den ›Orti‹ verwickelt waren, blieb Machiavelli unbehelligt.

Aber auch die Freunde hielten Machiavelli die Treue. Sie ließen ihn nicht fallen und vergaßen ihn nicht, auch wenn der Briefwechsel die vielleicht einzige konkrete Hilfe blieb. Je weniger verbissen Machiavelli um neue Ämter kämpfte, um so gelöster und voller freundschaftlicher Wärme werden die Briefe vor allem an Guicciardini. Die Freunde redeten sich mit Erlauchter Botschafter, ehrenwerter Präsident, dann wieder mit lieber Gevatter, liebster Freund und manchmal auch einfach mit »Scheißkerl« an.[43] Unterschiedlich und voller Überraschungen wie diese Anreden war auch der Inhalt der Briefe. Manchmal innerhalb der Briefe selbst, manchmal von Brief zu Brief wechselt der Ton von Ernst zu spielerischer Heiterkeit, ja Derbheit. Dieser Wechsel war ein bewußtes Element des Brief- und Umgangsstils, und wenn Machiavelli doch einmal eine Art Rechtfertigung dafür abgab, dann war das eher eine Art gemeinsames Programm, in dem er mit wenigen Worten ein ganzes Lebensgefühl einfing:

»Wer unsere Briefe, ehrenwerter Gevatter, und ihre Verschiedenheit sähe, der würde sich wohl ziemlich wundern, denn wir erscheinen einmal wie ernste Männer, deren Gedanken nur auf große Dinge gerichtet sind und in deren Brust nur Gedanken an Ehre und Größe Platz haben. Dann aber, wenn er umblättert, erschienen wir dem Leser leichtsinnig, unbeständig, frivol und nur auf eitle Dinge gerichtet. Diese Art, die manchem tadelnswert erscheint, ist für mich lobenswert. Denn wir ahmen die Natur nach, die mannigfaltig ist. Wer sie nachahmt, kann nicht getadelt werden.« (an F. Vettori, 31. Januar 1515)

Diesen ›leichten‹ Ton der Briefe zwischen den Freunden verdeutlichen besonders gut zwei Briefe über die von Machiavelli so genannte ›Holzpantinen-Republik‹, d. h. den Orden der Franziskaner und dessen Generalkapitel, das er 1521 in offiziellem Auftrag in Carpi bei Modena besuchte. Es war dies der zweite jener Gunstbeweise der Medici, die Machiavelli nach über acht Jahren der Suche, der Erniedrigung und des Hoffens ergattern konnte. Die Art des Auftrags, aber auch die Art und Weise, wie Machiavelli sich seiner entledigte, sind als symbolisch für sein ganzes Leben bezeichnet worden.[44] Sie sind aber auch, so könnte man vielleicht hinzufügen, eine Satire auf das Leben seiner Vaterstadt und seiner Zeit.

Machiavelli hatte eigentlich zwei verschiedene Angelegenheiten in Carpi zu erledigen. Die Regierung von Florenz und damit indirekt die Familie Medici als Herren der Stadt und der Kirche, wollten den Orden dazu bewegen, im Herrschaftsbereich der Stadt eine eigene Provinz zu errichten. Die Franziskaner waren aufgrund ihres Appells an Armut und einfache Gläubigkeit eine unsichere, gefährliche Instanz geblieben, und in Florenz hoffte man, sie auf diese Weise besser in den Griff zu bekommen. Die Brüder sollten »mehr fürchten, Fehler zu machen«, wie Machiavellis Instruktionen lauteten.[45] Diese rein machtpolitische Zielsetzung konnte den Franziskanern natürlich nicht verborgen bleiben und für den florentinischen Unterhändler war die Aufgabe deshalb denkbar schwierig. Weniger undankbar in der Sache als in bezug auf seine Person war die andere Aufgabe, die Machiavelli von den Konsulen der Wollzunft erhalten hatte: Er sollte einen Prediger für die Fastenzeit des nächsten Jahres bestellen. Die Predigten vor allem in der Fastenzeit, der Zeit der Buße und der Umkehr, waren wichtige gesellschaftliche Ereignisse, weshalb der Prediger wortgewaltig und prominent sein mußte. Aber das Beispiel Savonarolas, der von der Kanzel aus den Sturz der Medici und die Errichtung einer neuen Republik betrieben hatte, war noch in frischer Erinnerung, und deshalb mußte ein solcher Prediger politischer Kontrolle unterworfen bleiben. Mit einem solchen Auftrag ausgerechnet Machiavelli zu betrauen, bewies ein sichereres Fingerspitzengefühl in der Kunst, menschliche Zwangslagen bis zum äußersten zu nutzen. Und Machiavelli war nicht dumm genug, dies nicht zu erkennen, und nicht wohlhabend oder stark genug, ein solches Ansinnen auszuschlagen. Er gab noch eins drauf, indem er seinen Freund Guicciardini aufforderte, ihm dauernd Boten mit Briefen zu schicken, damit er als eine ungeheuer wichtige Persönlichkeit erscheine. So entstand in Briefform die Posse der »Holzpantinenrepublik«, die hier in zwei Briefen vorgestellt wird. Da sich weder das Generalkapitel der Franziskaner, noch der ausgewählte Prediger, Giovanni Guadalberto da Firenze, mit Künstlernamen Rovaio, entschließen konnten, reiste Machiavelli nach der Abfassung einiger kunstvoller Berichte an seine Auftraggeber unverrichteter Dinge wieder ab.

FRANCESCO GUICCIARDINI an NICCOLÒ MACHIAVELLI
17. Mai 1521

Das ist doch wirklich ein guter Einfall unserer hochlöblichen Konsuln der Wollzunft gewesen, Euch mit der Auswahl eines Predigers zu beauftragen; da hätte man gleich den seligen Pacchierotto [einen bekannten Homosexuellen zur Zeit Lorenzos des Prächtigen - F. H.] dafür sorgen lassen oder Herrn Sano [dito] bitten können, für einen Freund eine schöne und fesche Ehefrau auszusuchen. Ich zweifle nicht, daß Ihr sie bedienen werdet wie sie es von Euch erwarten, und Eurem Renommée nichts schuldig bleibt. Das bekäme einen häßlichen Flecken, wenn Ihr in Eurem Alter plötzlich an Euer Seelenheil dächtet, nachdem Ihr Euch ein Leben lang anders gezeigt habt. Man würde eher glauben, Ihr seid kindisch als fromm geworden. Beeilt Euch aber mit diesem Geschäft so sehr Ihr könnt, denn wenn Ihr zu lange dort verweilt, kommt Ihr in zweifache Gefahr: entweder stecken Euch die frommen Brüder mit ihrer Heuchelei an oder die Luft von Carpi läßt Euch zum Lügner werden, wie es ihre Wirkung nicht erst jetzt ist, sondern zu allen Zeiten war. Sollte man Euch unglückseligerweise ins Haus eines Bürgers von Carpi einquartieren, so hielte ich Euren Fall für hoffnungslos.

Sofern Ihr schon dem Bischof und Gouverneur Euren Besuch gemacht habt, ist Euch eine schöne Ausgabe von Mann begegnet, von der man eine Menge guter Stiche lernen kann.

NICCOLÒ MACHIAVELLI an FRANCESCO GUICCIARDINI
17. Mai 1521

Seinem erlauchten Herrn Francisco Guicciardini, Doktor beider Rechte zu Mantua, ehrwürdigsten und allergnädigsten Päpstlichen Statthalter.

Erlauchter und allerhöchst zu verehrender Herr. Als Euer Bote kam, saß ich gerade auf dem Abort, dachte über die närrischen Wege dieser Welt nach und war vollauf damit beschäftigt, mir einen Prediger auszumalen, der etwas für Florenz wäre und mir gefallen würde, denn ich will in dieser Sache wie stets meiner Überzeugung treu bleiben. Und weil ich nie verfehlt habe, wann immer ich dieser Republik einen Dienst erweisen konnte, es auch wirklich zu tun, wenn nicht in Taten, dann mit Rat, wenn nicht mit Rat, dann mit einem Wink, so will ich es auch diesmal so halten. Es ist wahr, daß ich wie vielfach so auch jetzt anderer Meinung als diese braven Bürger bin: sie wünschen sich einen Prediger, der ihnen den Weg zum Paradiese weist, und ich möchte einen finden, der sie lehrt, wie man in des Teufels Küche kommt; der ihre soll ein gebildeter und ernsthafter Mann sein und ich suche einen, der ein größerer Narr als Ponzo [ein Gegner Savonarolas – F. H.], ein größerer Heuchler als der Bruder Alberto (dito) und gerissener als Fra Girolamo [Savonarola – F. H.] ist. Denn es wäre doch eine schöne Sache und den jetzigen Zuständen angemessen, wenn alles, was wir schon mit Mönchen erlebt haben, sich in einem vereint fände: einen sichereren Weg zum Paradies gibt es sicherlich nicht, als den Weg zur Hölle zu erkennen und ihn dann zu meiden. Und wenn man überdies sehen muß, welche Hochschätzung ein Halunke genießt, den die Kutte deckt, kann man sich leicht ausrechnen, wieviel erst ein solcher Bursche gilt, der sich nicht einmal verstellt, wenn er in der franziskanischen Gosse herumtrampelt. Weil ich diese Überlegungen für richtig halte, denke ich stark an den Rovaio und bin überzeugt, daß er nur den übrigen Brüdern und den Schwestern gleichen muß, um der passende zu sein. Es wäre mir lieb, bei nächster Gelegenheit Eure Meinung darüber zu erfahren.

Noch bin ich hier untätig, weil ich meinen Auftrag erst ausführen kann, wenn der General und die Definitoren ernannt sind, deshalb grüble ich erst, wie ich sie soweit bringen kann, daß sie hier oder anderwärts mit ihren Holzklapperern aufeinander losgehen. Wenn ich mich nicht zu dumm anstelle, muß es mir gelingen und Euer Rat und die Unterstützung von Euer Hochwohlgeboren wird mir nützlich sein. Deshalb wäre es nicht übel, wenn Ihr, vielleicht unter dem Vorwand einer Lustfahrt, hierherkommen oder mir doch wenigstens schriftlich einige Streiche von Meisterhand versetzen würdet. Wenn Ihr mir dieserhalb jeden Tag einen Uniformierten schickt, wie es heute der Fall war, tut Ihr mehreres Gutes: einmal erleuchtet Ihr mich mit weisen Einfällen und dann hebt Ihr mein Renommée bei meinen Hausleuten, wenn sie die Depeschen sich häufen sehen. Ich kann Euch sagen, daß bei der Ankunft Eures Schützen, als er seinen Kratzfuß bis zur Erde machte und sagte, daß er expreß sei, alle so hingerissen strammstanden, daß er gar nicht wußte, wie ihm geschah. Und mich fragten sie nach den Neuigkeiten, und um mich noch wichtiger zu machen, sagte ich, daß der Kaiser in Trient erwartet werde, die Schweizer neue Gespräche anberaumt hätten und der König von Frankreich sich mit jenem König treffen wolle, aber seine Minister dagegen seien. Da standen sie alle mit offenem Maul und drehten die Mütze in der Hand, und während ich dies schreibe, stehen sie im Kreis um mich herum und wundern sich, wie man nur so viel schreiben kann und halten mich für besessen. Und damit sie sich noch mehr wundern, hebe ich ab und zu die Feder hoch und blase die Backen auf, da tropft ihnen der Geifer aus dem Mund vor Staunen. Was würden sie sich erst wundern, wenn sie ahnten, was ich schreibe.

Mit den Carpigianern und ihren Lügen kann ich mich schon lange messen, denn in dieser Fakultät habe ich mit solchem Erfolg doktoriert, daß ich den Francesco Martelli nicht einmal zum Lehrjungen bräuchte; seither sage ich nie mehr was ich glaube und glaube nie mehr was ich sage, und wenn mir doch einmal ein wahres Wort entschlüpft, verstecke ich es gleich hinter soviel Lügen, daß es nicht wieder zu finden ist.

Mit dem Bischof hatte ich noch kein Gespräch, denn ich hielt es für unnötig, nachdem ich schon untergekommen war. Allerdings amüsierte mich heute morgen in der Kirche schon sein Anblick, als er sich gewisse Bilder betrachtete. Man darf ihn wohl für einen Fall von besonderem Zuschnitt halten und glauben, daß das Ganze dem äußeren Eindruck entspricht, daß er ist, wie er erscheint und sein Höcker nicht täuscht. Hätte ich schon Euren Brief in Händen gehabt, wäre mir sicher etwas eingefallen, um ihm gleich einige Würmer aus der Nase zu ziehen. Aber noch ist nichts verdorben und ich hoffe, daß ich schon morgen gute Ratschläge von Euch zu diesem Punkt erhalte und ihr mir einen von diesen Armbrüstern schickt. Aber er muß im Karacho und schweißtriefend ankommen, damit der Verein

hier das Glotzen kriegt. So hebt Ihr hier mein Ansehen, und
nebenbei ist es eine gute Übung für die Armbrüster, die
auch den Pferden in dieser Jahreszeit ganz gesund ist. Ich
hätte Euch noch sonst allerhand zu schreiben, aber dazu
müßte ich meine Erfindungsgabe strapazieren und will sie
lieber für morgen möglichst frisch erhalten.

    Ich empfehle mich Eurer Herrlichkeit, der es nach ihren
Wünschen wohlergehe.

So viel gute Miene zum bösen Spiel gelang den Freunden freilich nur in besonders glücklichen oder besonders unglücklichen Stunden. Ein großer, wenn nicht der größte Teil des Briefwechsels gilt der Politik und ihrem Ernst.
    Die verschiedenen Funktionen dieser Briefe sind schon mehrmals angedeutet worden. Machiavelli, der sich »den Geheimnissen und Geschäften« fern sah, erhielt von seinen Freunden Informationen aus erster Hand und lieferte dafür eine Art politischer Kommentare. Gleichzeitig hoffte Machiavelli, daß seine Analysen und Ratschläge wichtigen Leuten, vor allem dem Papst, zu Gehör gebracht wurden. Für die Freunde hatten diese Briefe aber offensichtlich auch noch eine ganz andere Funktion. Wenn man all die hin- und hergewälzten Fragen liest, hat man unwillkürlich den Eindruck, einem Spiel beizuwohnen, einer Art Schachspiel, dessen einzelne Figuren nicht Bauer, Läufer, Turm, sondern Kaiser, Papst, französischer König, Florenz, spanische, habsburgische, französische und Schweizer Truppen heißen. Wenn man in den Schachzügen der europäischen Politik in Italien nicht sehr genau bewandert ist, ist es nicht immer ganz leicht, den Briefspielen zu folgen. Der spielerische Ton verliert sich freilich in den späteren Jahren zusehends, weil alle Briefpartner immer deutlicher das nahende Unheil voraussehen und immer verzweifelter die Sorglosigkeit ihrer Mitbürger beklagen. Aus dieser Zeit, aus dem Jahre 1526, soll ein Brief den Stil dieses politischen Journalismus ante litteram verdeutlichen.
    Gegenüber 1512 hatte sich die Lage in Italien und Europa radikal verändert, und die Aussichten für eine Lösung der italienischen Probleme oder gar einen dauerhaften Frieden waren düsterer denn je. Alle Protagonisten der europäischen Politik hatten gewechselt, und damit allein waren neue weitreichende Probleme entstanden. Durch die Wahl des spanischen Königs

zum deutschen Kaiser als Karl V. (1519) war das Reich entstanden, »in dem die Sonne nicht untergeht«, das nun das Frankreich seines gescheiterten Gegenkandidaten Franz I. von Frankreich (1515-47) von fast allen Seiten umklammerte: im Norden mit den Niederlanden, im Osten mit Burgund und den habsburgischen Erblanden in Österreich und Ungarn, im Südwesten mit Spanien und im Südosten mit dem Königreich Neapel. Freilich wurde auch Karl V. seinerseits wieder bedrängt von den deutschen Fürsten und der Reformation, von den Türken und ihren Vasallen in Nordafrika. Neben den Niederlanden und Burgund war Italien der Hauptschauplatz der Auseinandersetzung; Zankäpfel waren das Herzogtum Mailand, als strategisches Verbindungsstück zwischen Spanien und den österreichischen Erblanden, und Genua, als Bankenzentrum der wichtigste Umschlagplatz für das Gold aus Spaniens neuen Überseekolonien. In Italien war nach dem Tode Leos X. 1522, nach dem kurzen Pontifikat von Hadrian VI., dem vorletzten ›Barbaren‹ auf dem Stuhl Petri, Giulio de' Medici trotz seiner illegitimen Geburt als Clemens VII. Papst geworden. Er war natürlicher Sohn von Giuliano, dem Bruder Lorenzos des Prächtigen, der 1478 bei der Pazziverschwörung ermordet wurde. Nicht nur besaß er nicht die Tatkraft und das Geschick seiner Vorfahren, auch für die ›Regierung‹ in Florenz waren nur noch zwei jugendliche Bastarde übrig: Ippolito, geboren 1511, Sohn des 1516 verstorbenen Giuliano, und Alessandro, geboren 1510, ein illegitimer Sohn des 1519 gestorbenen Lorenzo, vielleicht aber auch des neuen Papstes selbst. Die eigentliche politische Kontrolle über Florenz legte der Papst zwar in die Hände des Kardinals Passerini von Cortona, aber um den arroganten kleinen Ippolito bildete sich eine immer frechere und habgierigere Klientel. In der Stadt begann das Gemurmel von einer neuen *mutazione*. Die Gefahren wurden durch die militärische Entwicklung vermehrt. In der Schlacht von Pavia am 24. Februar 1525 war das französische Heer vernichtend geschlagen und der König gefangen genommen worden. In der Gefangenschaft hatte er einen Diktatfrieden unterschrieben. Was würde nach seiner Freilassung geschehen? Für Florenz, das nicht mehr die Wahl für oder gegen den Papst hatte, lautete die Frage, wie würde sich der Papst entscheiden? Hatte Leo X. noch hoffen können, Italien nach seinen Familieninteressen zu gestalten, so mußte für Clemens VII. die Frage jetzt lauten: Was war von Italien überhaupt noch zu retten, und wenn, mit wem? Dazu der Brief Machiavellis an Guicciardini:

Niccolò Machiavelli an Francesco Guicciardini
15. März 1526

Erlauchter und hochverehrter Herr Francesco,
ich bin leider so lange mit einem Brief an Euch in Verzug, daß Ihr mir nun zuvorgekommen seid. Ich habe geschwiegen, weil ich glaubte, Ihr würdet, da der Frieden nun geschlossen ist, in Bälde in die Romagna zurückkehren und ich könnte alles mündlich mit Euch behandeln, obwohl mir der Kopf brummte von einem Durcheinander von Gedanken, die ich vor fünf oder sechs Tagen zum Teil bei Filippo Strozzi ablud. Im Anschluß an ganz andere Dinge fing ich in einem Brief an ihn an, drei Möglichkeiten durchzudenken: einmal, daß der König trotz der getroffenen Übereinkunft nicht freigelassen werde; zweitens, daß er in Freiheit die Übereinkunft halten, und drittens, daß er sie dann brechen werde. Ich sagte nicht, welche der drei Möglichkeiten ich selber für wahrscheinlich halte, aber ein anderer Schluß, als daß Italien in jedem Falle Krieg bekommen würde, war nicht möglich und einen Ausweg deutete ich nicht an. Was ich ihm verschwieg, werde ich aber, im Besitz Eures Briefes, umso lieber mit Euch durchdenken, als Ihr mich selbst dazu auffordert.

Wenn Ihr mich fragt, welche der drei Möglichkeiten ich für die wahrscheinlichste halte, so bleibe ich zwar bei meiner schon seit langem gefaßten Überzeugung, daß der König nicht freikommen darf, denn es ist doch klar, daß, wenn der König ungehindert handeln könnte, dem Kaiser alle Wege zu seinem vorgesteckten Ziele abgeschnitten würden. Ich sehe weder ein Motiv noch ein vernünftiges Argument, das ihn bewegen könnte, ihn freizulassen. Aber ich wette, er wird ihn freilasssen, entweder, weil man seine Räte bestochen hat (worin die Franzosen Meister sind) oder weil er glaubt, daß die Annäherung zwischen dem Königreich und den Italienern schon soweit gediehen ist, daß er weder die Zeit noch andere Mittel, sie endgültig zu verhindern, habe als den König freizulassen, und daß dieser nach seiner Freilassung die vereinbarten Bedingungen erfüllen werde. Der König wird mit Versprechungen nicht geknausert und alle Ursachen seiner Abneigung gegen die Italiener und andere

Gründe für seine Vertragstreue angeführt haben. Aber alle Argumente, die man dagegen stellen könnte, würden den Kaiser nicht von einer Dummheit abhalten, wenn der König klug vorgehen würde, aber ich bin überzeugt, daß er nicht klug sein will. Ich habe nämlich, erstens, erlebt, daß bis dato dem Kaiser keiner seiner Mißgriffe zum Schaden ausgeschlagen, dem König aber jeder seiner vernünftigen Entschlüsse nicht nützlich gewesen ist. Darum wird, wie gesagt, die Freilassung des Königs eine Dummheit des Kaisers, und jede Versprechung ein guter Schachzug des Königs sein, und nichtsdestoweniger wird der vertragstreue König der Dumme, der Kaiser der Nutznießer sein. Die Gründe, warum der König nicht wortbrüchig werden wird, habe ich dem Filippo auseinandergesetzt: er muß nämlich seine Söhne in der Gefangenschaft lassen; er würde im Falle des Vertragsbruchs sein Reich überanstrengen, das ja schon angeschlagen ist; er würde es mit seinem Adel verderben, indem er ihn nach Italien zu gehen zwingt, er müßte wieder in all die Anstrengungen einsteigen, die er nach seinen bisherigen Erfahrungen so sehr scheut, und das alles geschähe nur zum Nutzen der Kirche und der Venetianer, die mit Schuld an seinem Elend sind. Ich wiederhole, was ich Euch schon schrieb: wie groß der Haß des Königs gegen die Spanier sein mag, so ist doch sein Haß gegen die Italiener nicht geringer. Natürlich kann man, und durchaus mit Recht, sagen, daß er sich selbst zugrunde richten würde, wenn er aus Haß Italien zugrunde richten wollte, aber er sieht es nun einmal so. Denn sobald er frei wäre, sähe er sich zwischen zwei Problemen: hält er Burgund, dann verliert er Italien und bleibt der Gnade des Kaisers ausgeliefert, oder er wird, wenn er das scheut, zum Mörder und Meineidigen, und müßte unter den genannten Schwierigkeiten wankelmütigen, unzuverlässigen Leuten beispringen, die ihn, wenn er sich nach einem Siege auch nur die geringste Blöße gäbe, wieder zugrundegehen ließen. Daraus folgt meine Überzeugung, daß der König entweder seine Freiheit nicht erhält oder daß er im Falle seiner Freilassung sein Wort hält. Die Vorstellung, er könne sein Reich verlieren, nachdem ihm Italien verloren gegangen ist, wird ihn weniger als vielleicht einen andern schrecken, da er, wie Ihr zu sagen pflegt, ein Franzosenschädel ist. Auch wird er kaum annehmen, daß Italien sich gleich in

Rauch auflöst, vielmehr wird er glauben, daß er dem Lande noch einmal wird helfen können, wenn es für manche seiner Sünden gebüßt, er seine Söhne wiederbekommen und sich selbst gekräftigt hat. Und wenn es zwischen ihnen zu einer Teilung der Beute käme, würde der König erst recht vertragstreu sein, der Kaiser aber wäre ein Narr, wenn er den wieder nach Italien brächte, den er dort hinausgedrängt hat, nur damit nun dieser ihn selber daraus verjagen kann.

Was ich Euch sage ist das, was ich glaube, daß es geschehen wird, keineswegs aber, daß es für den König das Klügste wäre. Denn er würde aufs neue sich, seine Söhne und sein Reich in Gefahr bringen, wenn er die ihm so verhaßte, furchterregende und gefährliche Macht demütigen wollte.

Maßnahmen, die uns helfen können, sehe ich folgende: man müßte dafür sorgen, daß unmittelbar nach der Freilassung des Königs ein Mann in seine Nähe kommt, der durch sein Ansehen und seine Überredungsgabe wie durch das Gewicht seiner Mandanten ihn das Vergangene vergessen läßt und seinen Blick in die Zukunft lenkt, ihm zeigt, wie Italien sich zu ihm drängt und daß er gewonnenes Spiel hat, wenn er sich in seinen Entschlüssen als der unabhängige Herrscher zeigt, der er selbst so gerne sein möchte. Ich bin überzeugt, daß Überredungskunst und Bitten nicht erfolglos sein werden, daß viel mehr aber noch Fakten bewirken.

Meiner Meinung nach mögen die Dinge laufen, wie sie wollen, wir werden Krieg in Italien bekommen, und zwar in Bälde. Deshalb müssen die Italiener unbedingt versuchen, Frankreich auf ihre Seite zu ziehen, und wenn dies nicht gelingt, sich über ihr mögliches Verhalten klar werden: entweder sich der Gnade und Ungnade dessen, der zuerst kommt, auszuliefern und versuchen, sich mit Geld loszukaufen, oder aber sich bewaffnen und auf das Waffenglück hoffen. Ich meines Teils glaube nicht, daß Loskaufen möglich und genügend Geld vorhanden ist – andernfalls könnten wir uns damit beruhigen und brauchten an nichts anderes zu denken –, aber es wird eben nicht ausreichen; entweder bin ich völlig blind oder wir verlieren erst das Geld und dann das Leben ... Demnach bin ich der Meinung, daß wir unverzüglich, ohne die französischen Entscheidungen abzuwarten, aufrüsten sollten, sonst werden wir eines Ta-

GIORGIO VASARI
Giovanni delle Bande Nere

ges mit Schrecken aufwachen. Ich will Euch einen Gedanken mitteilen, über den Ihr vielleicht lacht, einen Plan, den Ihr tollkühn oder abstrus finden könnt, aber jetzt sind kühne, ungewöhnliche, ungeahnte Überlegungen notwendig. Ihr wißt so gut wie jeder, der sich auf die Einrichtung dieser Welt versteht, daß die Masse wankelmütig und dumm ist; wer sie aber in ihrem Wesen versteht, kann oft von ihr erfahren, daß etwas im Gange ist, was eigentlich notwendigerweise geschehen müßte.

Kürzlich hieß es in Florenz, Herr Giovanni de' Medici [Giovanni delle Bande Nere aus einer Seitenlinie der Medici; sein Sohn wurde als Cosimo I. erster Großherzog der Toskana – F. H.] sei dabei, eine Söldnertruppe zu sammeln, um mit ihr dort zu kämpfen, wo es am lohnendsten sei. Dieses Gerücht brachte mich auf den Gedanken, daß das Volk ausspreche, was in der Tat notwendig sei. Niemand in Italien zweifelt doch daran, daß keinem anderen die Soldaten lieber zulaufen, vor dem sich die Spanier unsicherer fühlen und den sie höher einschätzen. Jeder hält den Herrn Giovanni für einen echten Haudegen, der gut planen und große Unternehmungen durchführen kann. Man könnte also, indem man ihm insgeheim Mittel zukommen läßt, ihm die Aufstellung seines Corps ermöglichen und dafür sorgen, daß er soviel Fußvolk und Reiter wie möglich bekommt. Die Spanier werden irgendein Täuschungsmanöver vermuten und hinsichtlich des Königs wie des Papstes verunsichert sein, da Giovanni im Dienst des Königs stand. Wenn dies der Fall wäre, bekämen sie wohl schnell Kopfschmerzen und würden ihre ursprünglichen Pläne ändern, nach denen sie ohne Widerstand zu finden die Toskana und den Kirchenstaat niederwerfen wollten. Vielleicht auch könnte der König sich ändern, den Vertrag fahren lassen und wieder Krieg beginnen, wenn er sieht, daß er mit ungebrochenen Leuten umgehen muß, die ihn nicht nur überreden, sondern ihm Taten zeigen können. Wenn wir aber trotzdem in einen Krieg gestürzt werden, so weiß ich keine Hilfe mehr. Laßt es Euch gesagt sein: wenn der König nicht durch Demonstration von Macht und Selbstbewußtsein und durch kraftvolle Unternehmungen umgestimmt wird, bricht er den Vertrag nicht und läßt Euch zugrundegehen, denn er ist mehrmals in Italien gewesen, wo er entweder Euch zu Feinden oder an Euch keine Hilfe hatte und er wird nicht wollen, daß sich das wiederholt. ...

Guicciardini, der mit seinem Freunde darin übereinstimmte, daß der Krieg unvermeidlich sei, und daß man sich durch die Bildung einer Liga gegen den Kaiser eiligst darauf vorbereiten müsse, hatte schon einige Monate vorher resignierend geschrieben: »De rebus publicis [was die politischen Dinge angeht] kann ich nichts sagen, denn ich habe die Orientierung ganz verloren, und wenn ich gar höre, daß alle gegen jene Meinung sind [d. h. eine strikt antikaiserliche Politik – F. H.], die mir zwar auch nicht gefällt, die ich aber für notwendig halte, dann wage ich nicht mehr den Mund aufzumachen. Wenn ich mich nicht täusche, werden wir alle die Übel des Friedens kennenlernen, wenn die Gelegenheit zum Krieg verpaßt ist. Es ist mir noch nie jemand vorgekommen, der beim Aufkommen eines Unwetters nicht in irgendeiner Weise versucht hätte, sich zu schützen. Nur wir wollen schutzlos mitten auf der Straße darauf warten. Aber si quod adversi acciderit [wenn sich etwas schlimmes ereignet] können wir dann nicht sagen, man hätte uns die Herrschaft entrissen, sondern daß sie turpiter elapsa sit de manibus [schändlich unseren Händen entglitten ist].« (F. Guicciardini an M. 26. Dez. 1525)

Das gute Leben

In solchen unruhigen Zeiten schien den Freunden »Erholung nötiger denn je« (F. Guicciardini an M. 26. Dez. 1525). Und wenn davon die Rede war, dann fiel der Name Donato del Corno, von dem Machiavelli gelegentlich als von einem »Plebejer« spricht (M. an Vettori 20. Dez. 1514). Arm war dieser Plebejer freilich nicht, denn er konnte Giuliano de' Medici bei dessen Einzug in die Stadt 1512 eine Begrüßungsgabe von 500 Dukaten machen, und sich so als Freund des Hauses Medici zu erkennen geben. Donato hatte eine bottega, ein Geschäft, das dafür offensichtlich genügend abwarf. Was ihm aber fehlte, war der Zugang zu den politischen Ämtern, den er weder durch Familientradition noch durch die Zugehörigkeit zu den höheren Zünften besaß. Diesem Donato gegenüber war Machiavelli auch in seinen schlechtesten Zeiten ein einflußreicher, wichtiger Mann, eben ein Angehöriger des *popolo grasso,* auch wenn er hungerte. Und Machiavelli tat alles, um seine Verbindungen spielen zu lassen und Donato in seinem Bestreben zu helfen, endlich seinen Namen in der *borsa,* dem Wahlbeutel, zu wissen, aus dem ihn dann die *accoppiatori* nach einem deutlichen Wink der Medici zum rechten Zeitpunkt auch herausziehen sollten. Machiavelli erinnerte Vettori mindestens ebenso oft an Donatos Angelegenheit wie an seine eigene, er bemühte seinen Schwager Francesco del Nero, der als Leiter der Universität in Pisa besonders gute Beziehungen zu den Medici hatte, und er bemühte auch seine Freunde aus den Orti Oricellari. Dennoch zog sich die Sache in die Länge. Sie dauerte ebenso lang wie Machiavellis, denn die Medici wußten ihre Klientel an kurzer Leine zu halten. Dabei bemühten sich die Freunde nicht nur seinetwegen um die Sache, sondern all die hochangesehenen Leute, mit denen er korrespondierte, richteten immer die herzlichsten Grüße an »unseren Donato und die ganze Gesellschaft« aus.

Diese Freunde traf Machiavelli auf den Straßen und Plätzen der Stadt. Sie saßen vor den neuen palazzi, die eine umlaufende Steinbank dafür vorsahen, wie sie z. B. noch am palazzo Strozzi zu sehen ist, sie schlenderten vom Ponte Vecchio zum alten Markt (der heutigen Piazza repubblica), dem geschäftigen Zentrum der Stadt, oder sie bildeten kleine Grüppchen im Schatten des Domes (an F. Vettori, 9. und 11. April 1513).

Hier, im Umkreis weniger hundert Meter, traf man alle und erfuhr alles, man traf nicht nur Plebejer wie Donato, sondern

BALDASSARE LANCI
Ansicht von Florenz
Bühnenbildentwurf um 1560

auch die mächtigsten und wichtigsten Leute, auch die Medici. Zumindest solange die Medici die Stadt nicht nur aufgrund der Angst vor fremden Heeren in der Hand hielten, solange nicht nur minderjährige Attrappen die Macht der Medici repräsentierten, gehörte es zur Pflicht, zu den *modi civili*, sich leutselig auf der Straße zu zeigen. Selbst Lorenzo, der 1519 als Herzog von Urbino starb, ging wie ein Bürger unter Bürgern spazieren. Aber schon er war nicht mehr stolz darauf und empfand den Hohn, wenn der französische König bemerkte: »Sie (die Medici) sollten nicht vergessen, daß sie bloß Kaufleute sind.«[46]

Donato hatte eine Art Stammplatz auf dem Ponte Vecchio, und ging dort seiner wahren Berufung als *cicala*, Zykade, nach, eine geläufige Bezeichnung für das, was man heute einen Klatschreporter nennen würde.[47] Er war begierig auf alle Briefe

DOMENICO GHIRLANDAIO
Florentiner Bürger mit ›Becchetti‹
Ausschnitt aus einem Fresko in Santa Maria Novella

Machiavellis, deren er habhaft werden konnte, wobei er selber nie einen schrieb und auch von Machiavelli selbst keinen erhielt. Dafür brachte er den Inhalt der Briefe an andere unter die Leute (F. del Nero an M. 27. Juli 1525). Da standen dann diese Männer im gesetzten Alter, glattrasiert und vielleicht mit einem kleinen Bäuchlein, wie Machiavelli selbst manchmal dargestellt wird. Sie trugen den langen schwarzen florentinischen Mantel, den *lucco*, und die charakteristische Kopfbedeckung mit dem langen, über die Schulter geworfenen Zipfel, dem *becchetto* (Schnabel). Diese Bekleidung war den Florentinern so ans Herz gewachsen, daß sie jede Abweichung nicht nur für eine modische Spielerei, sondern für einen politischen Affront hielten. Mit ihren Zipfeln drohten sie jedem, der es wagte, irgendwie aus der Reihe zu tanzen, und das Schütteln der Zipfel war der erste Vorbote einer *mutazione*.[48] Worüber diese gesetzten Herren sprachen, läßt sich aus Machiavellis Briefen ersehen, z. B. aus dem folgenden. Die Hauptdarsteller sind Freunde von Vettori und Machiavelli. Vielleicht sind es nur Decknamen, denn beide waren im Hause des Botschafters der Republik Florenz in Rom beschäftigt, aber übernahmen auch sonst kleinere politische Aufgaben. Entscheidend für das Verständnis des Briefes ist es, daß die Namen offensichtlich vertauscht sind, wie aus anderen Briefen zu erschließen ist.[49]

Niccolò Machiavelli an Francesco Vettori
25. Februar 1514

Erlauchter Herr Botschafter!
Hier hat sich eine nette Geschichte zugetragen, genauer gesagt eine Metamorphose, die ebenso komisch wie wert ist, unter die antiken Erzählungen eingereiht zu werden. Doch weil niemand sich meinetwegen grämen soll, werde ich sie mit etwas vertauschten Namen erzählen.

Da wollte dieser Tage ein (er verzeih mir's) Giuliano Brancacci abends nach dem Aveläuten noch ein wenig im Sumpfrevier jagen. Der Himmel war düster, der Wind pfiff, es tröpfelte, gute Vorzeichen, daß jedes Vögelchen ihn erwarte. Also zog er sich zuhause derbe Stiefel an und packte sich Klappe, Laterne und Schelle, sein ganzes Jagdzeug auf. Über die Carraia-Brücke und den Canto de' Mozzi kam er ins Viertel von Santissimi Apostoli und strolchte ein bißchen hin und her in dem Betrieb, der dort herrscht. Doch weil er kein Vögelchen fand, das auf ihn gewartet hatte, wandte er sich, hinter Eurem Goldschmied unterhalb vom palazzo della Parte Guelfa den Markt querend und durch die Calimala Francese zum Haus der Pisaner, wo er in allen Winkeln herumstöberte und schließlich wirklich ein Turteltäubchen fand. Das schnappte er mit Klappe, Laterne und Schelle und führte es ganz nach hinten in den Graben unterhalb der Räuberhöhle, wo der Panzano einmal gewohnt hat, und während man sich unterhielt und die goldne Ader fand und sich abküßte, riß er ihm zwei Federn von dem Ding und steckte es sich, wie die meisten sagen, schließlich in sein rückwärtiges Jagdtäschchen. Aber weil das Gewitter mich zwingt aus der Hülle zu schlüpfen, die Parabeln nicht genügen und die Metaphern mich nicht weiterbringen, wollte also der gute Brancacci nun wissen, wer das nun gewesen sei und erhielt zur Antwort, er sei (mit Verlaub) Michele, der Neffe des Consiglio Costa. Da sagt doch der Brancacci: ›Gut, du bist aus gutem Hause und wenn du gescheit bist, kannst du dein Glück machen. Ich nämlich bin Filippo da Casavecchia und hab ein Geschäft da und da, und weil ich jetzt kein Geld dabei habe, so komm morgen in mein Geschäft oder schick jemanden vorbei, dann wirst du zufriedengestellt.‹ Anderntags schickte

Domplatz von Florenz

Michele, der eher schlecht als dumm war, einen Diener mit einer schriftlichen Forderung zu Filippo, der natürlich bös schaut und sagt: ›Wer ist denn das, und was will er denn, ich hab nichts zu tun mit dem; sag ihm, er soll selber zu mir kommen.‹ Der Zanni kommt zurück zu Michele und berichtet, aber der Bursche ist nicht schüchtern und läuft wütend zu Filippo, hält ihm vor, was er ihm für ein Vergnügen gemacht habe, und wenn er sich nicht scheue, ihn zu betrügen, so werde er sich nicht scheuen, ihn in der Stadt auszumachen. Filippo, dem es mulmig wurde, zog ihn in den Laden herein und sagte: ›Michele, man hat dich hereingelegt. Ich bin ein anständiger Mann und mache keine solchen miesen Sachen. Statt daß du mich verleumdest, wovon du gar nichts hast, wollen wir überlegen, wie wir hinter den Betrug kommen und den, dem du das Vergnügen gemacht hast, zum Zahlen bringen. Sei vernünftig, geh jetzt nach Hause und komm morgen wieder, bis dahin hab ich mir etwas ausgedacht.‹ Der Junge war zwar völlig verwirrt, aber weil er wiederkommen sollte, gab er Ruhe.

Filippo saß nun mit dieser schönen Neuigkeit in tausend Ängsten da und war zwischen seinen Entschlüssen hin-

Reiterspiele auf der Piazza di Santa Croce

und hergerissen wie das Meer von Pisa bei Südwestwind. Denn er sagte sich: gebe ich stillschweigend dem Michele einen Florin, bin ich fortan eine Goldgrube für ihn, bin sein ewiger Schuldner, bin schuldig und ganz schuldlos ein Sünder. Gebe ich nichts zu und kann doch die Wahrheit nicht herausbringen, muß ich mich mit dem Jungen einigen, mich entschuldigen und niemand sonst erscheint schuldig, alles bleibt an mir hängen. Versuche ich aber die Wahrheit herauszubringen, muß ich erst jemanden verdächtigen, gerate womöglich an den Falschen, mache ihn mir zum Feind und bin doch nicht gerechtfertigt.

In seiner Verzweiflung setzte er dann doch auf diesen Ausweg als das kleinste Übel und hatte das Glück, gleich ins Schwarze zu treffen, indem er auf Brancacci als Urheber dieser Gemeinheit riet, denn den hielt er für einen Heimtücker, seit er ihn bei den Serviten in Schwulitäten gebracht hatte. Also ging er zu (mit Verlaub!) Alberto Lotti, sagte ihm die Geschichte und seine Vermutung und bat ihn, doch einmal den Michele, der ja sein Neffe sei, kommen zu lassen, um vielleicht mit der Sache fertig zu werden. Alberto, erfahren und klug, findet, Filippo habe den richtigen Riecher, verspricht ihm seine volle Hilfe, schickt nach dem

Michele und, nachdem er ihn nur ein wenig ausgeholt, fragte er ihn kurzerhand: ›Würdest du dir zutrauen, den, der sich für Filippo ausgab, an der Stimme zu erkennen?‹ und als der Junge bejahte, ging er gleich mit ihm nach Santo Hilario, wo seines Wissens der Brancacci häufig zu finden und jetzt auch wirklich dort war, inmitten eines Haufens von Leuten, die er mit seinem Klatsch unterhielt. Filippo, den Jungen im Rücken, drängte sich so nahe heran, daß die Stimme deutlich zu erkennen war und schob dann den Jungen so vor, daß ihn der Brancacci sehen mußte und sich bestürzt davonschlich. Damit war für jedermann die Sache klar, Filippo völlig entlastet und Brancacci entlarvt, und während dieses Karnevals hörte man in ganz Florenz nur immer: Bist du Brancacci oder etwa der Casa? Et fuit in toto notissima fabula coelo. (Und die Geschichte war im ganzen Himmel sehr bekannt.)

Wahrscheinlich habt ihr die Geschichte schon von anderer Seite gehört, doch die Details war ich Euch doch wohl schuldig. ...

Dieser Brief ist nicht nur eine Anekdote amüsantester Art, er wirft auch ein Licht auf die Behandlung des Themas Homosexualität. Florenz war dafür so bekannt, daß in Deutschland der Homosexuelle einfach bloß ein ›Florenzer‹ war.[50] Die kirchliche Verdammung, die Bußpredigten eines Savonarola und drakonische Strafen wie Handabhacken hatten offensichtlich kaum einen Einfluß darauf, daß dieses Thema zwar als etwas durchaus Pikantes, aber doch Selbstverständliches behandelt wurde.

Außer auf dem Ponte Vecchio war Donato del Corno auch in seiner *bottega* Mittelpunkt eines fröhlichen Kreises. Hier trafen sich die Freunde abends, bevor die Glocken des Stadtviertels mit dem Einbruch der Dunkelheit die Sperrstunde ankündigten. Nachts war die Stadt bis auf wenige Ausnahmen, wie z. B. die Wahl Leos X. zum Papst, totenstille. In diese *bottega* durfte beileibe nicht jeder kommen, aber es waren auch nicht nur arme Schlucker wie Machiavelli, die dort manchmal sogar ihre Briefe schrieben und schon mal einen großen Teil des Tages dort verbrachten. Die Freunde, die sich dort trafen, bildeten eine Art Verein, *compagnia* oder *brigata*, die sich in strengen Statuten wie eine Art Zunft konstituierten. Machiavelli selbst schrieb solche Statuten »*per una bizzarra compagnia*«, die vielleicht für den

Kreis um Donato gedacht waren. Zweck dieser Gesellschaft war es »immer schlecht übereinander zu reden, und von Fremden, die etwa vorbeikommen, bloß ihre Fehler aufzuzählen und sie ohne jeden Respekt allen bekannt zu machen ... In dieser Gesellschaft darf nie Schweigen herrschen. Wer mehr schwätzt als die anderen, und mehr mit den anderen, um so mehr Lob verdient er ... Alle Männer und Frauen dieser Gesellschaft haben die Aufgabe, zu allen Ablässen, Festen und anderen kirchlichen Anlässen zu gehen, zu allen Banketten, zu jedem Umtrunk, Abendessen, Komödien, Abendveranstaltungen und wo man sonst noch klatschen kann in den Häusern, unter Strafandrohung für die Frauen, daß sie unter die Fratres gesteckt werden, und die Männer ins Kloster.«[51] Von solchen und ähnlichen Vereinen berichtete um die Mitte des 16. Jahrhunderts Giorgio Vasari in seinen Künstlerbiographien mit der bedauernden Bemerkung, daß diese Art der geselligen Vereine ganz aus der Mode gekommen seien.[52]

Diese Vereine trugen bizarre, zweideutige oder symbolische Namen und waren quer durch alle sozialen Schichten anzutreffen. Vor allem Künstler bildeten häufig den Mittelpunkt und waren ihren Mitbürgern eher dadurch bekannt als durch ihre Kunstwerke. Andrea del Sarto z. B. gehörte einem solchen Verein an, der sich *compagnia dello scalzo* (Barfüßer) nannte und sein Vereinslokal in der Nähe des Klosters San Marco hatte. Filippo Lippis Verein hieß *compagnia del palaiuolo* (Kessel), und auch sein Sohn Filippino (von einer Nonne) war stadtbekannt für die Feste, die er organisierte.

Jeder Verein hatte seinen Schutzheiligen, dessen Namenstag festlich begangen wurde, aber die Vereine beteiligten sich auch an allen übrigen Festen, die den Florentinern lieb und teuer waren, vor allem am Karneval, am ersten Mai, dem *Calendimaggio*, und am Fest des Schutzheiligen der Stadt, San Giovanni (Johanni, Sommersanfang). Für diese Gelegenheiten wurden Lieder und Gedichte geschrieben, Festumzüge und Dekorationen geplant und ausgeführt. Die Gewohnheit, kunstvolle Dekorationen auf den Plätzen aufzustellen, wo man tanzte und feierte, und Wagen mit symbolischen Darstellungen, die sogenannten *triomfi*, durch die Straßen ziehen zu lassen, war nicht auf den Karneval beschränkt, sondern fester Bestandteil aller Feste. Dieses besondere Vergnügen der Florentiner wurde begleitet von Feuerwerkskörpern aller Art, die mehr als einmal die Stadt in Gefahr brachten.[53] Während der Morgen der Prozession und der Abend den *triomfi* gehörte, fand am Nachmittag der *palio*, ein Pferderennen durch die Stadt, ein Ruderwettbewerb auf dem Arno oder das ›Fußballspiel‹ der Florentiner statt, das hauptsächlich mit den Fäusten ausgetragen wird.[54] Zur Prozession und zu den nachmittäglichen Sportveranstaltungen zog man im Kreise der Bewohner des Stadtviertels mit der Standarte, die Tanzveranstaltungen, Umzüge und *triomfi* gehörten den *compagnie*.

So sehr diese Art festlicher Vergnügungen auf den Straßen und Plätzen in der Tradition der Stadtviertel und der *compagnie*, und das heißt nichts anderes als in der Tradition der mittelalterlichen Genossenschaften, fußten, so sehr waren sie andererseits ein willkommenes Instrument für die großen Familien, ihre Klientel zu vergrößern und das Volk bei Laune zu halten. Ausführliche Feste waren die Folge jeder *mutazione*, sofern sie nicht wie bei Savonarola in die Kirchen verlegt wurden. Aber das Spektakel konnte auch zum Austragen innerer Rivalitäten dienen. 1512 gründete Giuliano de' Medici einen Verein mit dem Namen *diamante*, der zwanzigjährige Lorenzo einen Verein mit Namen *broncone* (Stamm des Lorbeers, aus dem neues Grün entspringt), die bei der Ausstattung von *triomfi* einander zu überbieten versuchten, um ihre Anwärterschaft auf die führende Rolle in der Stadt zu unterstreichen.[55]

Welche Rolle Machiavelli in diesen *compagnie del piacere* spielte, erfährt man nicht nur von Machiavelli selbst, sondern auch von seinen Freunden. Als er 1525 für die Wollzunft in Venedig einen Auftrag zu erfüllen hatte, schrieb ihm Filippo de' Nerli, ebenfalls Geschichtsschreiber und zeitweilig Gouverneur von Modena: »Seit Ihr in diesem Tollhaus[56] fehlt, hat das Volk herausgefunden, daß Ihr der Anlaß zu allem Unheil seid, und man sah, daß Ihr die Gewohnheiten des Tomaso del Bene [eines anderen gemeinsamen Freundes – F. H.] übernommen habt. Denn seit Ihr weg seid, hört man nichts mehr von Spielen und Zechen und anderen Sächelchen, und daher erkennt man, woher alles Übel kam.« (F. de' Nerli an M., 6. September 1525)

›Machia‹ war unter seinen Mitbürgern berühmt und berüchtigt, nicht etwa weil er ein treuer Sekretär der alten Republik war, nicht etwa, weil er kühne politische und historische Einsichten niederschrieb, sondern weil er über das verfügte, was die Florentiner am meisten liebten: Wortwitz. Es waren seine literarischen Werke, die Machiavelli zu Lebzeiten weit über seine Vaterstadt hinaus berühmt machten. Er schrieb Karnevalslieder,

Satiren in Versform, Sonette und Gelegenheitsgedichte, über deren künstlerischen Wert man heute eher die Nase rümpft. Bis heute unbestritten dagegen ist Machiavellis Rang als Komödiendichter. Vor allem mit seiner ›Mandragola‹, die auch heute noch manchmal gespielt wird, wurde er zum Mitbegründer des modernen Theaters und erlangte bei seinen Zeitgenossen so etwas wie Weltruhm. Daß Machiavelli sich aufs Dichten verlegte, war keineswegs nur ein aus der Langeweile der Arbeitslosigkeit entsprungener Zeitvertreib. Es war nicht ungewöhnlich, daß ein Mann, der ein wichtiges politisches Amt bekleidet hatte oder noch bekleidete, daß gebildete und gesetzte Herren Karnevalslieder, Spottgedichte oder Komödien schrieben. Lorenzo der Prächtige hatte solche Karnevalslieder geschrieben, von denen einige wegen ihrer kunstvollen Einfachheit noch heute berühmt sind.[57] Der Schatzmeister des Medici-Papstes, Kardinal Bernardo Dovizi da Bibbiena, war Autor einer besonders schlüpfrigen Komödie mit dem Titel ›La Calandria‹, die Leo X. sehr schätzte, und Machiavellis ›Mandragola‹ war nicht zuletzt mit Blick auf diese Komödie geschrieben. Neben dieser ›Calandria‹, Ariosts ›Cassaria‹ (1508) und ›Suppositi‹ (1509) ist Machiavellis Komödie eine der ersten, die sich von antiken Vorbildern inhaltlich und sprachlich weitgehend löste.

Die ›Mandragola‹ – die Alraunwurzel – handelt von dem Liebhaber Calimaco, der von ihm begehrten – aber verheirateten – schönen Lucrezia und deren altem Mann Messer Nicia, weshalb die Komödie ursprünglich auch einfach die ›Komödie von Calimaco und Lucrezia‹ hieß. Der verliebte Calimaco redet dem Messer Nicia, der unbedingt Erben haben will und es nicht schafft, ein, mit Hilfe eines Trankes aus der Alraunwurzel zu dem gewünschten Ziel gelangen zu können. Dieser ›Liebestrank‹ – so wird die Komödie manchmal auch betitelt – hat einen Nachteil: wer ihn trinkt, muß danach sterben. Deshalb muß ein Ersatzehegatte her, und der will natürlich Calimaco sein. Das eigentliche Problem aber ist es, Lucrezia von der Notwendigkeit dieses Ehebruchs zu überzeugen, und darum bemüht sich der frate Timoteo, der die widerstrebende Lucrezia von der Gottgefälligkeit des Unternehmens überzeugt. Wie in diesem Drama außer der naiven aber schließlich willfährigen Lucrezia alle Personen sowohl hohe als auch niedrige Motive, echte und falsche Gefühle zeigen, so sind auch sprachlich hohe und niedrige Stilelemente miteinander verwoben. Die Sprache ist freilich so voller florentinischer Redewendungen, voller

Zweideutigkeiten, die allein aus dem Wortklang und der besonderen Ausdrucksweise entstehen, daß es nahezu unmöglich ist, ihren Reiz zu übertragen. Selbst für den Florentiner Guicciardini, der in Modena eine Aufführung vorbereitete, waren einige Ausdrücke nicht klar, so daß Machiavelli sich freuen konnte »in wieviel Seelennöte Euch die Einfachheit und Ignoranz des Messer Nicia gebracht hat« (an F. Guicciardini, 16./20. Oktober 1525). Für die Charakterisierung der Personen schöpfte Machiavelli manchmal fast wörtlich aus seinem Briefwechsel mit Vettori und auch sehr freizügig aus dessen Aufzeichnungen über seine Reise nach Deutschland, einer »merkwürdigen Mischung aus Reisebericht, Tagebuch und Hintertreppenroman«.[57a] Wann die ›Mandragola‹ zum ersten Mal aufgeführt wurde, läßt sich nicht mehr genau feststellen. Nachweisen läßt sich jedenfalls eine Aufführung im Hause eines gewissen Bernardino di Giordano im Karneval 1520, für die Andrea del Sarto und Bastiano da Sangallo die Bühnendekoration lieferten. Die Aufführung wurde von einer *compagnia della cazzuola* (Kelle) initiiert, die, im Jahre 1512 von Musikern und Malern gegründet, zeitweilig wegen der schönen Feste und Veranstaltungen, die von ihr ins Leben gerufen wurden, auch Giuliano de' Medici zum Mitglied hatte. Wer hier zum Vorstand gewählt wurde, mußte sich neue, ungewöhnliche Formen und Feste ausdenken und auch dafür bezahlen, weshalb einige dabei arm wurden.

Die Einfälle, die dabei herauskamen, waren z. B. ein »infernalisches Bankett« zur Hochzeit des Pluto, ganz in Schwarz, mit Speisen in der Form abstoßendster Tiere, aber gefüllt mit köstlichen Leckerbissen. Zur Erheiterung der Gäste leuchteten ab und zu Lichter auf und ließen Gemälde mit Szenen der Verdammten erkennen.[58] Im Verhältnis dazu war die ›Mandragola‹ eine harmlose Belustigung.

Machiavelli feierte mit seiner ›Mandragola‹, die man »die Komödie einer Gesellschaft, deren Tragödie der Principe ist« genannt hat, Triumphe.[59] Sie wurde nicht nur in Florenz, sondern auch in Rom und Venedig gespielt und machte Machiavelli zu einem berühmten Autor, der schnell zu weiterer Produktion gedrängt wurde. Und so schrieb er als eine Art Auftragsarbeit eine weitere Komödie, ›Clizia‹, die sich zwar stark an die ›Casina‹ des Plautus anlehnte, aber dennoch eine Art ironisches Selbstporträt enthielt. Von den beiden Hauptfiguren, Vater und Sohn, die sich um dasselbe Mädchen, das übrigens nie auf der Bühne erscheint, bemühen, trägt der ältere den Namen Nicomaco, schon darin eine gar nicht versteckte Anspielung auf den eigenen Namen. Natürlich zieht der Alte in der Komödie den Kürzeren und wird in seiner späten Liebesleidenschaft recht lächerlich gemacht. Das hinderte Machiavelli aber nicht daran, sein Bühnenselbstporträt in der Wirklichkeit noch zu übertreffen.

Die Uraufführung der ›Clizia‹ fand am 13. Januar 1525 in der Villa eines reichen Mannes namens Jacopo di Filippo Falconetti vor dem Tore von San Frediano statt. Dieser Mann, der als Inhaber einer Ziegelbrennerei nur mit dem Spitznamen »il fornaciaio« angeredet wurde, wollte mit dieser festlichen Uraufführung die Beendigung seiner fünfjährigen Verbannung aus Florenz, deren Grund nicht bekannt ist, feiern.[60] Zu diesem Anlaß hatte Falconetti seinen Garten umgestalten lassen und gab ein Bankett, an dem »die ersten und vornehmsten, aber auch andere Bürger und das einfache Volk« teilnahmen, es war eine Art Volksfest auf Kosten eines fröhlichen, reichen Bürgers. Der Ruhm weniger der Komödie, die zwar auch ein Erfolg war, sondern dieses Festes, drang weit über die Grenzen der Toskana hinaus. Ein Freund aus den ›Orti‹ schrieb aus Modena: »Der Ruhm Eurer Komödie hat sich überall verbreitet! Und glaubt nicht, daß ich diese Meldungen den Briefen von Freunden entnehme, nein, von Reisenden habe ich sie, die überall auf den Straßen von den glorreichen Festen vor der Porta a San Frediano schwärmen.« (de Nerli an M. 22. Februar 1525) Aber der gleiche Freund schrieb an den Schwager Machiavellis: »Ihr seid dem Machia nahe und ihm ein Freund, und auch ich bin ihm sehr freundschaftlich verbunden. Deshalb nehme ich diese Gelegenheit wahr, um Euch zu sagen wie es mich schmerzt, was mir hier [im 140 km entfernten Modena – F. H.] täglich über sein Benehmen zu Ohren kommt. Ich habe darüber in diesen Karnevalstagen so viele Klagen gehört, als ich normalerweise über alle Übeltaten in dieser Stadt nicht so viele höre. Und wenn, was dieser armen Provinz in diesen Tagen geschieht [Schlacht von Pavia am 24. Febr. 25, in der der französische König gefangengenommen wird – F. H.], nicht Grund zu anderen Gesprächen als zu Klatsch gäbe, dann würde man wohl über nichts anderes reden. Daß ein Familienvater sich so aufführt, ich will nicht sagen mit wem, und dabei hat er eine sehr schöne Komödie geschrieben!«[61]

Die Liebe zu den Frauen und die Liebe zu Florenz

Erlauchte Frauen und schöne Kinder

Der Grund für das skandalöse Benehmen des Fünfundfünfzigjährigen Familienvaters und für dessen häufige Besuche bei dem *fornaciaio* war stadtbekannt: es war die Schauspielerin Barbera Salutati, die bei den Aufführungen seiner Komödien die Hauptrolle gespielt hatte. Sie war die letzte, aber keineswegs die einzige von Machiavellis Liebschaften, von denen wir erfahren, keine freilich gab wie diese Anlaß zu dauernden Neckereien durch seine Freunde, war doch Machiavelli inzwischen – und nicht zuletzt mit Hilfe der Barbera – ein berühmter Mann. Das Verhältnis zu Frauen war neben der Politik das zentrale Thema des Briefwechsels zwischen Machiavelli und seinen engsten Freunden.

In diesen Briefen kommen nicht die großen Frauengestalten vor, die das Bild der Frau in der Renaissance vielleicht allzu sehr geprägt haben, die selbstbewußten, literarisch begabten und nicht zuletzt reichen und mächtigen Frauen, die den Männern nicht nachstanden.[62] Zwar spielten auch solche Frauen eine Rolle in Machiavellis Leben, aber dann hatte er selbst lediglich einen unbedeutenden Part am Rande politischer und dynastischer Manöver großen Stils. Eine seiner ersten diplomatischen Missionen hatte ihn zu Caterina Sforza geführt, die mit sechsunddreißig Jahren bereits zum dritten Mal Witwe war, weil ihre Männer einer nach dem anderen ermordet wurden. Für ihre unmündigen Söhne führte sie die Herrschaft über Imola und Forlì in der Romagna und war wegen ihrer Schönheit ebenso berühmt wie wegen ihres unbeugsamen Willens. An ihrem Verhandlungsgeschick war auch der dreißigjährige, noch ziemlich unerfahrene Sekretär der Republik Florenz gescheitert. Ähnlich unerfreulich verliefen die Kontakte zu Alfonsina Orsini, an die wahrscheinlich Machiavellis Brief über die Rückkehr der Medici 1512 gerichtet war. Für ihren Sohn Lorenzo versuchte sie mit unerschöpflicher Energie eine steile Karriere aufzubauen, faßte dabei eine Reihe von vielversprechenden Ehen ins Auge und hintertrieb andere, wie z. B. diejenige mit einer Nichte des gestürzten Gonfaloniere Soderini, die nach der Wahl Leos X. das

Zeichen zur Versöhnung zwischen den Medici und den Soderini hätte setzen sollen. Sie hatte eine wirklich adelige Verbindung im Auge, und auch ein wirkliches Herzogtum, das ihren Sohn vom Odium der bürgerlichen Abstammung aus einer Florentiner Kaufmannsfamilie befreien sollte. Er heiratete schließlich auch eine Madelaine de la Tour d'Auvergne, aber Herzog von Urbino wurde er bloß dem Namen nach und nach einem recht lächerlichen Feldzug blieb ihm nichts anderes übrig als wieder zu seinesgleichen nach Florenz zurückzukehren. Deshalb verfolgte Alfonsina die Florentiner Ratgeber ihres Sohnes mit unauslöschlichem Haß, und das waren ausgerechnet die Freunde Machiavellis, vor allem Francesco Vettori und Filippo Strozzi.

Wenn Machiavelli in seinen Briefen von Frauen spricht, dann von ganz anderen, und eigentlich ist auch dann oft mehr von der Liebe an sich die Rede als von leibhaftigen Frauen. Sie war unentbehrlich als Konversationsthema unter den Männern, als Zeitvertreib und Trost. Bei diesem Thema gab es keine Tabus, keine Zurückhaltung, es herrschte weder der tödliche Ernst der Politik, noch die verzweifelte Fröhlichkeit etwa der Briefe über die Holzpantinenrepublik, sondern – scheinbar – das pure Vergnügen. Komplikationen und Probleme waren nicht vorgesehen, außer mal ein kleines Mißgeschick. Das wichtigste war die ständige Variation des Themas, der ständige Wechsel zwischen höchst idealisierter und ganz und gar irdischer, rein körperlicher Liebe. Hier drei Beispiele. Der erste Brief an Luigi Guicciardini, den Bruder von Francesco, stammt noch aus der Zeit von Machiavellis Tätigkeit für die Republik und schildert sozusagen ein Abenteuer auf Geschäftsreise. Es ist nicht allzu verwunderlich, daß dieser Brief bisher nie übersetzt wurde, und in den meisten Werkausgaben fehlt. Im zweiten spricht Machiavelli von einer nicht näher identifizierbaren Liebe auf dem Lande, und im dritten malt er sich die Abendunterhaltungen seines Freundes in Rom aus, über die Vettori ihm einige Andeutungen gemacht hatte.

Niccolò Machiavelli an Luigi Guicciardini
Verona, 8. Dezember 1509

Verdammt, Luigi! Wie doch Fortuna in ein und derselben Sache die Menschen unterschiedlich bedenkt. Ihr habt eine zum Vögeln, Ihr habt sie gehabt und wollt gleich noch mal. Ich dagegen war hier schon eine ganze Weile und war ganz blind vor Verlangen. Da traf ich eine Alte, die mir die Wäsche macht. Sie wohnt im Souterrain, und Licht kommt nur zur Tür herein. Wie ich eines Tages dort vorbeigehe, erkannte sie mich und begrüßte mich lauthals. Sie lud mich ein, hereinzukommen, weil sie mir einige schöne Hemden zum Kauf zeigen wollte.

Ich Einfaltspinsel fiel doch glatt darauf herein und wie ich drinnen war, sah ich im Zwielicht eine Frau mit einem Tuch über Kopf und Gesicht, die recht verschämt tat und in einer Ecke blieb. Die alte Vettel nahm mich bei der Hand, führte mich zu ihr und sagte: »Das ist das Hemd, das ich Euch verkaufen will, aber ich will, daß Ihr es erst probiert, und dann werdet ihr es bezahlen.« Ein bißchen schüchtern wie ich bin, war ich ganz verblüfft. Die Alte aber verließ den Raum, und machte die Tür zu. Weil ich mit der anderen im Dunkeln blieb, stieß ich ihr ihn rein. Und obwohl sie ganz welke Schenkel, eine feuchte Möse hatte und ein bißchen aus dem Mund roch, war ich so verzweifelt geil, daß ich sie einfach vögeln mußte. Wie ich fertig war, wollte ich mir diese Ware doch ein bißchen anschauen, nahm einen Span vom brennenden Herd und zündete damit eine Laterne an der Decke an. Holla! Beinahe wäre ich tot umgefallen, so häßlich war dieses Weib. Sie hatte zwar einige halb graue, halb schwarze Haare, aber der Hinterkopf war ganz kahl und über diese Kahlheit sah man die Läuse marschieren. Die wenigen Haare, die sie hatte, fielen ihr über die Stirn bis auf die Augenbrauen. Mitten auf dem kleinen runzeligen Kopf hatte sie ein Feuerzeichen, wie man es den Tieren an der Säule auf dem Mercato Vecchio aufdrückt. Auf jedem Büschel der Augenbrauen klebten Läuseeier. Von den Augen schaute eins noch oben, eins nach unten, und eins war größer als das andere, beide aber waren voller eitriger Tränenflüssigkeit und ganz ohne Wimpern. Die Nase war ganz nach oben gestülpt, ein Nasenflügel aufgeschnitten und voller Rotz. Der Mund erinnerte an den von Lorenzo dem Prächtigen, aber auf einer Seite auch noch schief, und da lief der Speichel heraus, weil sie ihn, zahnlos wie sie war, nicht zurückhalten konnte. Auf der Oberlippe hatte sie einen langen, aber dünnen Bart. Das Kinn lief spitz zu und war leicht nach oben gebogen, wovon noch ein kleiner Hautzipfel bis zum Halsansatz herunterhing. Wie ich dieses Monster völlig verwirrt anstarrte, bemerkte sie es und wollte sagen »Was habt Ihr mein Herr?«, aber sie sagte es nicht, weil sie stotterte. Und in dem Moment, als sie den Mund aufmachte, kam ein fürchterlicher Gestank heraus. Meine beiden Eingänge zu den allerempfindlichsten Sinnen, Nase und Augen, waren dadurch so getroffen und mein Magen reagierte so empfindlich, daß er diese Beleidigung nicht mehr ertragen konnte, es kam mir alles hoch und ich erbrach mich auf sie. Und mit dieser Bezahlung, die sie wohl verdient hatte, verschwand ich. Ich verwette dafür meinen Platz im Himmel, daß mir, solange ich in der Lombardei bleibe, die Lust vergangen ist. Ihr aber sollt Gott dafür danken, daß Ihr Hoffnung auf weiteres großes Vergnügen haben könnt, und ich will ihm auch dafür danken, daß ich die Angst verloren habe, daß mir jemals mehr ein solches Mißvergnügen passieren kann...

Niccolò Machiavelli an Francesco Vettori
3. August 1513

Ihr habt mir, Gevatter, wahrlich ein Fest bereitet mit den Schilderungen von Eurer Liebe Lust und Leid, welche beide ja nicht zu trennen sind, und davon zu lesen und darüber nachzudenken hat mir eine unendliche Last von der Seele genommen. Der Wahrheit die Ehre zu geben, so hat mich das Glück in die Lage versetzt, Euch gleiches mit gleichem zu vergelten, denn auf dem Lande ist mir ein so liebenswürdiges, zartes, durch Natur wie Kunst solchermaßen edles Wesen begegnet, daß ich es niemals zur Genüge lieben und loben könnte. Wollte ich Euch, wie Ihr mir, die Geschichte dieser Liebe von Anfang an erzählen, mit wel-

chen Netzen man mich fing, wo sie gespannt und wie
kunstvoll sie waren, Ihr würdet erkennen, daß es goldene
Netze waren, inmitten von Blumen ausgestellt, von Venus
selbst geknüpft, so zart und anmutig, daß zwar ein rohes
Herz sie hätte zerreißen können, ich freilich nicht daran
dachte und mich darin so lange wohl fühlte, bis die Fäden
stark geworden und zu unauflöslichen Knoten gebunden
waren. Glaubt bloß nicht, daß Amor sich zu meiner Fesse-
lung der üblichen Griffe bediente, denn sie hätten ihm
nichts genützt. Er bediente sich ganz außergewöhnlicher
Mittel, deren mich zu erwehren ich weder verstand noch
überhaupt wollte. Genug, mich, der bald Fünfzig wird,
brennt keine Sonne, ermüdet kein steiniger Weg und
schreckt keine finstere Nacht. Schwerelos erscheint mir alles und jedem ihrer Wünsche, mag er den meinen auch
völlig widersprechen, bin ich willfährig. Und obwohl ich
wahrscheinlich noch schwer in die Klemme komme, fühle
ich mich dabei so unendlich wohl, daß ich, wenn ich nur ihr
süßes Gesicht sehe, darüber all meine Leiden vergesse,
daraus weder entfliehen könnte noch möchte. Ich habe alle
großen und ernsten Dinge hinter mir gelassen; in den Büchern der Alten zu lesen, reizt mich so wenig mehr, wie die
Beschäftigung mit den Problemen der Gegenwart. Alles ist
süßer Umgang geworden, Venus und ganz Cypern sei's ge-
dankt. Wenn Ihr mir etwas Hübsches von Euren Damen
schreibt wollt, so schreibt es, aber alles andere Zeug hebt
für die auf, die es mehr schätzen und mehr davon verstehen, ich habe immer bloß Ärger damit gehabt, beim anderen allerweil nur Glück und Vergnügen gefunden...

Francesco Vettori an Niccolò Machiavelli
Rom, 18. Januar 1514

...Wie ich Euch schon geschrieben habe, ist mein Haus
hier zwar nahe am Vatikan, aber doch etwas abseits in einer
ruhigen Straße gelegen, und die Nachbarn sind lauter
kleine Leute. In einem recht schönen Haus neben dem
meinen allerdings lebt eine römische Witwe aus guter Familie, die recht gesellig war und ist. Und obwohl sie etwas
älter ist und eine wunderschöne Tochter von zwanzig Jah-

ren hat, konnte man mit ihr bis jetzt doch immer ins Geschäft kommen. Sie hat auch einen vierzehnjährigen Sohn, der sehr sauber, freundlich und wohlerzogen ist, wie es sich für dieses Alter gehört. Da die Häuser nebeneinander liegen, und die Gärten ineinanderübergehen, ließ es sich gar nicht vermeiden, daß man wenigstens von der Ferne miteinander zu tun hatte. Und manchmal bat sie mich auch um eine Fürsprache beim Papst oder bei der Stadtregierung, und soweit ich konnte, habe ich ihr geholfen, denn den Witwen und Waisen sind wir gehalten, beizustehen. Giuliano (Brancacci) überredete mich nun, diese Witwe zum Essen einzuladen, und Filippo (Casavecchia) stimmte mit Blick auf den Jungen zu...

Niccolò Machiavelli an Francesco Vettori
4. Februar 1514

Dem erlauchten florentinischen Gesandten beim Heiligen Stuhl, Vettori, meinem Wohltäter
Erlauchter Herr Gesandter,
gestern kam ich vom Land zurück und Paolo gab mir Euren Brief vom 18. letzten Monats, der auf den meinen von ich weiß nicht wann antwortet und mir großes Vergnügen machte. Denn ich ersah daraus, daß Fortuna Euch so geneigt ist, daß sie es einzurichten wußte, den Filippo und den Brancacci mit Euch eine Seele in zwei Körpern, vielmehr zwei Seelen in einem Körper werden zu lassen...

Ich sehe ganz deutlich, wie Brancacci sich im Sessel zusammenkauert, um von unten her besser der Konstanze ins Gesicht schauen zu können, wie er mit Worten, Mienen und Gesten, lächelnd und mündchenspitzend, äugelnd und hüstelnd sich ganz und gar ausgibt, wie er an ihren Worten hängt, ihrem Atem, ihrem süßen Duft, dem sanften Wesen und den damenhaften Allüren dieser Konstanze.

    Und nun wend' ich mich nach rechts und seh' mir den
                                        Casa an,
Der bei dem Burschen schon fast am Ziel ist,
Schon etwas gichtisch und an der Birne kein Haar
                                            mehr dran.

Ich sehe ihn vor mir, wie er mal mit der einen, mal mit der anderen Hüfte hochgeht, hin und wieder den Kopf über das verschämte Stottern des Burschen schüttelt, mit dem er jetzt ganz väterlich, jetzt wie ein Lehrer und jetzt im Ton des Verliebten spricht, so daß dieser arme Junge nicht weiß, wohinaus das führen soll; bald fürchtet er um seinen guten Ruf, bald beeindruckt ihn die Feierlichkeit dieses Mannes und bald erbaut er sich an seiner lieblichen und gut abgelagerten Gegenwart. Und schließlich sehe ich Euch, Herr Botschafter, recht fügsam zwischen der Witwe und ihrem Bruder, ein Auge zu dem Burschen hin, das andere zu dem Mädchen, mit einem Ohr lauscht ihr der Witwe und mit dem anderen dem Casa und dem Brancacci; ich sehe, wie Ihr bei allen ihren Gesprächen dabei seid und immer das letzte Wort habt, das Echo, und schließlich die Unterhaltung abschneidet, weil Ihr plötzlich mit Euren langen Schritten schnell zum Feuer geht, ein bißchen krumm und kreuzlahm. Ich sehe, wie nun gleich Euch der Brancacci, Filippo, der Junge und das Mädchen aufspringen. Ihr aber sagt: Bleibt sitzen, setzt Euch wieder, macht keine Unruhe, unterhaltet Euch weiter – und nach vielen Umständen, die wohl schon ein bißchen allzu vertraut ausfallen, kommt wieder alles zum Sitzen und die Unterhaltung geht vergnügt weiter. Aber am allerdeutlichsten sehe ich Filippo vor mir in dem Augenblick, da Piero del Bene hereinkommt: wenn ich malen könnte, würde ich Euch das Bild schicken, denn diese vertrauten Winke, diese Blicke hin und her, diese geheimen Zeichen der Entrüstung lassen sich nicht beschreiben.

Nun sehe ich Euch bei Tische sitzen, das Brot und die Gläser kreisen und Tisch und Bank wackeln, man wird lustig und immer lustiger, bis endlich alles in einem Meer der Fröhlichkeit versinkt. Und endlich sehe ich Jupiter gekettet und vor den Wagen gespannt, und so wie Feuer, ans grüne Holz gelegt, schärfer brennt, so lodert die Flamme in Euch wilder, dieweil sie größeren Widerstand gefunden hatte. Nun darf ich mit Terenz sagen: O coelum, o terram, o maria Neptuni. Ich sehe, wie und weshalb Ihr mit Euch selbst im Kampfe liegt: Non bene conveniunt, nec una in sede morantur maiestas et amor [Würde und Liebe passen nicht gut zusammen und halten sich nicht an ein und demselben Platze auf] – mal möchtet Ihr ein Schwan sein, um ihr ein Ei in den Schoß zu legen, mal ein Klumpen Gold, damit sie Euch in ihre Tasche steckt, mal das eine, mal das andere schöne Tier, nur damit Ihr bei ihr bleiben dürft.

Damit Ihr Euch aber nicht verschrecken laßt von den Wunden, die ich schon durch die Pfeile Amors empfing, sollt Ihr wissen, wie ich mich gegen ihn verhielt. Ich habe ihn einfach schalten und walten lassen, bin ihm gefolgt durch Täler und Wälder, durch Schluchten und Auen und habe erlebt, daß er um so lieber mit mir koste, je weniger befremdet ich mich zeigte. Drum seid nicht spröde, laßt ihm die Zügel schießen, schließt die Augen und sprecht: Amor! Mach' es mit mir, wie du willst, sei mein Führer und Geleiter, geht's mir gut, sei dein der Ruhm, geht's schlecht, dein der Tadel; ich bin dein Sklave, du gewinnst nichts, wenn du mich verdirbst und hast nur selbst den Schaden davon... Darum lebt froh, mein Gönner, laßt Euch nicht schrecken, zeigt dem Schicksal die Stirn und schickt euch in die Umstände, die die Launen des Himmels, der Leute und der Zeiten euch bieten...

Und sollte eine Serenade erwünscht sein, so würde ich gern selbst nach Rom kommen und hätte einen Fund dabei, dem keine widerstehen kann.

Diese Briefe entwerfen immer eine Art in sich abgeschlossene Szene, vor allem der Brief über Vettoris Witwe könnte ein Muster für Calimaco und Messer Nicia aus der ›Mandragola‹ sein. Von den Frauen ist dann später nie mehr die Rede. Das ist bei der Alten aus Verona kein Wunder, aber auch die anscheinend so tiefempfundene Liebe zu der unbekannten Schönen auf dem Lande, von der im zweiten Brief die Rede ist, wird später nie mehr erwähnt. Aus dieser Tatsache läßt sich natürlich überhaupt kein Schluß darüber ziehen, was wirklich gewesen ist, sondern nur darüber, welche Rolle die Frauen und die Liebe im Umgang der Männer untereinander gespielt haben. Auf die Realität der Liebesbeziehungen werfen höchstens hier und dort verstreute Bemerkungen ein Licht.

Zu allererst: Die Liebe war weder eine Sünde, noch ein Laster. Wenn es von jemandem hieß, er sei »jeglichem Laster fremd« gewesen, so waren damit eher die Sünden des Gaumens als die der Liebe gemeint.[65] Für die Frauen galt dies alles selbstverständlich nicht. Da aber die Frauen meist schon sehr früh verheiratet wurden, kamen von den ›ehrbaren‹ Frauen für eine Liebesbeziehung eben doch nur verheiratete oder höchstens verwitwete Frauen in Frage, die als Witwen von ihren männlichen Verwandten allerdings noch viel schärfer bewacht wurden. Solange nicht viel an die Öffentlichkeit drang, wurde die Sache nicht allzu tragisch genommen: in Florenz gab es weniger ›Verbrechen aus Leidenschaft‹ oder Ehrverletzung als anderswo in Italien und kaum Verbrechen durch gedungene Mörder. Auch diese Haltung gehörte zu den *modi civili*; ein kleiner Fehltritt, ein ›erroruzzo‹ durfte schon einmal vorkommen.[64] Waren Machtfragen im Spiel, so wurde auch im Hinblick auf die Frauen keinerlei Diskretion geübt. Vielmehr galt es unter Umständen als eine der subtilsten Machtdemonstrationen, sich in aller Öffentlichkeit zu einer verheirateten Geliebten zu bekennen. Lorenzo der Prächtige hatte als Geliebte vor und nach seiner Heirat mit der römischen Adeligen Clarice Orsini ganz offiziell Lucrezia Donati, und das ›Traumpaar‹ der Zeit waren sein Bruder Giuliano und die Ehefrau des Genuesen Marco Vespucci, Simonetta Cattaneo. Der Sohn aus dieser Liebesbeziehung, die durch die Ermordung Giulianos bei der Pazziverschwörung in ein melodramatisches Licht getaucht wurde, brachte es als Clemens VII. immerhin zum Papst. So wie überhaupt die Kinder aus unehelichen Verbindungen in der Regel anerkannt und in der Familie des Vaters aufgenommen wurden, selbst dann, wenn sie von einer Sklavin stammten.[65] Wenn Machiavelli von seinen Liebesabenteuern mit – offensichtlich verheirateten – Frauen sprach, dann nannte er nie Namen. Auch den engsten Freunden gegenüber wahrte er die Anonymität, so sehr er sie auch in Form einer freilich sehr kunstvollen Schilderung an seinem Glück teilnehmen ließ.

Anders dagegen, wenn es um Frauen ging, die nichts zu verbergen hatten, bei Kurtisanen und Frauen wie der Schauspielerin Barbera, die nicht viel besser angesehen wurden.

Der Begriff Kurtisane (*cortigiana*) für die Prostituierten war in der Mitte des fünfzehnten Jahrhunderts entstanden, als Bezeichnung für die Damen, die die Humanisten am Hofe des Papstes in ihrer Freizeit begleiteten, seit eine Reform auch weltliche Personen im Dienste des Papstes zuließ. Die soziale Anerkennung, die den ›ehrbaren‹ Kurtisanen bis zu einem gewissen Grade entgegengebracht wurde und einigen von ihnen zu Berühmtheit verhalf, war freilich nicht viel mehr als eine »schmale Bresche in gegen Frauen gerichtete Vorurteile«,[66] die denn auch in regelmäßigen Abständen wieder geschlossen wurde. Die Duldung von Kurtisanen und Homosexuellen war nicht zuletzt Ursache für fanatische Kehrtwendungen wie die Savonarolas, der die Kurtisanen als »ein Stück Fleisch mit Augen« bezeichnete. Auf der anderen Seite stand ihre fiskalische Nützlichkeit; Leo X. ließ sie mit einer Sondersteuer belegen, um neue Straßen in Rom anzulegen. Die Kurtisanen, die Rom und Venedig berühmt-berüchtigt machten, waren freilich mehr etwas für einen Filippo Strozzi als für einen Machiavelli. Voller Stolz verkündete Strozzi gegenüber Vettori, er habe beim Schreiben des Briefes Tullia d'Aragona, die Tochter der ebenfalls sagenumwobenen Kurtisane Giulia an seiner Seite, so als ob er einen schönen Ring am Finger trage. Gegenüber den Vorhaltungen des Freundes, weil er wegen Tullia in Ehrenhändel verwickelt war, antwortete er: »Tullia ist, wie Ihr sagt, nicht schön, aber, wenn ich nicht irre, begabt mit Geist und Talent. Ich kann nicht leben ohne Beziehung zu einer Frau, und ich habe sie lieber an meiner Seite als eine andere.«[67] Der Begriff Kurtisane wurde aber auch ganz allgemein gebraucht und galt nicht nur für die ›ehrbaren‹, die den Mythos der Kurtisane in der Renaissance geprägt haben.

Florenz war nicht so überlaufen von Reisenden und Fremden, die sich ständig dort aufhielten wie Rom, wo der Papst residierte, oder Venedig, das Zentrum des Orienthandels. Große Kurtisanen wie Tullia d'Aragona kamen höchstens einmal auf Besuch vorbei, was dann eine mittlere Sensation war. Aber auch in Florenz war der Umgang mit Kurtisanen etwas Selbstverständliches, wie sich aus den Briefen Machiavellis ablesen läßt. Das waren die Frauen, die Zugang zu den geselligen Vereinen hatten, die auf Festen und Banketten nicht fehlen durften. Mehrere Frauen dieser Art tauchen bei Machiavelli mit Namen auf, er spricht von ihnen als von seinem normalen, täglichen Umgang, und wenn es ihm auch niemals eingefallen wäre, im Zusammenhang mit einer Frau von Freundschaft zu reden, so spürt man in den Äußerungen über diese Frauen so etwas wie wirkliche freundschaftliche Wärme. Die Kurtisanen, mit denen Machiavelli Umgang pflegte, waren freilich eher hausbacken. Vor allem in der Zeit unmittelbar nach seiner Entlassung und nach dem Gefängnisaufenthalt war er täglich »bei dem einen oder anderen schönen Kinde, um wieder zu Kräften zu kommen«, und sah sich mit ihnen in den Ostertagen »die Prozession an« (an F. Vettori, 18. März 1513). Das Haus einer Riccia, die im Briefwechsel mit Vettori 1513 öfters erwähnt wird, diente Machiavelli ähnlich wie die *bottega* des Donato del Corno zum täglichen Aufenthalt, wo er sich (im Februar) wärmen und die Zeit totschlagen konnte. Der Hausherrin ging er damit nach eigenem Eingeständnis ziemlich auf die Nerven, obwohl sie sich doch »manchmal flüchtig küssen« ließ (an F. Vettori, 4. Februar 1513). Donato und Riccia nannte Machiavelli liebevoll »die einzigen Häfen und Zuflucht für mein Schifflein, das in diesen Stürmen ohne Ruder und Segel geblieben ist« (an F. Vettori, 31. Jan. 1515).

Mit unverstellter Wärme spricht Machiavelli – und auch die Neckereien seiner Freunde schlagen diesen Ton an –, wenn er sich über die Schauspielerin Barbera Salutati äußert. Machiavelli bemühte seine Freunde, um ihr Engagements zu verschaffen, und wenn er nicht in Florenz war, schickte er seine Freunde zu ihr, wenn sie nicht regelmäßig schrieb. Eine Ahnung von dem, was sich zwischen Machiavelli und Barbera, aber auch zwischen Machiavelli, seiner Ehefrau und deren Familie abgespielt hat, vermittelt ein Brief Barberas, den sie 1544, also siebzehn Jahre nach dem Tode Machiavellis als inzwischen verwitwete Frau Raffacani an einen gemeinsamen Freund schrieb. Sie bat ihn »um des guten Angedenkens« an Machiavelli willen, ihr in einigen Streitigkeiten mit der Familie Corsini zu helfen, das aber war der Mädchenname von Machiavellis Frau Marietta! Diese Corsini, so schrieb Barbera, hätten Sie »aus Florenz vertrieben, und ich will Euch um Hilfe bitten, daß sie mich jetzt nicht noch aus Rom vertreiben«.[68]

Hinter dem heiteren Geplauder über Liebesabenteuer ließ sich jedoch auch mancherlei verstecken. Einige Briefe zwischen Vettori und Machiavelli aus dem Jahre 1513 wurden bisher lediglich als das genommen, als was sie sich auf den ersten Blick geben, nämlich als die etwas säuerlichen Beschwerden Vettoris über die moralischen Vorhaltungen seiner beiden Mitarbeiter Giuliano Brancacci und Filippo Casavecchia, und dagegen Machiavellis vehementes Plädoyer für die Freiheit der Liebe. Hinter diesen etwas langatmigen Ausführungen und allgemein gehaltenen Betrachtungen verbarg sich jedoch etwas ganz anderes. Vor allem Vettoris Bedenken über das, »was sich für meinen Stand gehört«, erscheinen dann in einem ganz anderen Licht. (F. Vettori an M., 24. Dez. 1513 und M. an F. Vettori 5. Jan. 1514). Filippo Casavecchia, der allgemein als Homosexueller bekannt war, habe ihm, so beschwerte sich Vettori, vorgeworfen, daß er zu viel Damenbesuch erhalte. »Ihr wißt«, so schreibt er, »daß ich mich ein bißchen mit Frauen vergnüge, mehr um mit ihnen zu schwatzen, als zu einem anderen Zweck, denn ich bin schon so weit, daß ich kaum mehr tun kann [der neununddreißigjährige Vettori war häufig krank, vor allem litt er an einer schweren Augenerkrankung – F.H.]. Außerdem wißt Ihr, wie sehr Filippo diesen Dingen abgeneigt ist. Und bevor Filippo in mein Haus kam, besuchte mich hier häufig die eine oder andere Kurtisane, weil mein Haus etwas abgelegen ist, um die Kirche und den angrenzenden Garten zu sehen« (F. Vettori, an M. 24. Dez. 1513). Giuliano Brancacci dagegen, der wie man wußte, den Frauen sehr zugetan war, hatte ihm die umgekehrten Vorhaltungen gemacht, nämlich, daß ein vornehmer Florentiner namens Jacopo Gianfigliazzi bei ihm aus und eingehe. In diesem Zusammenhang deutete Vettori an, daß er dem Gianfigliazzi einen wichtigen Gefallen getan hatte, und dieser habe ihm deshalb »jede Woche den ser Sano [Name eines bekannten Homosexuellen aus der Zeit Lorenzos des Prächtigen, der hier als Deckname benutzt wird – F.H.] ins Haus geschickt, um über diese Sache mit mir zu sprechen, und machmal blieb er auch zum Essen da.« Nun wußte Machiavelli natürlich allzu gut, daß dieser Gianfigliazzi als einer der eifrigsten Parteigänger der Medici dem gemeinsamen Freund Donato del Corno zu seiner »Einbeutelung« verhelfen konnte. Unter diesem Aspekt las sich für Machiavelli der ganze Brief mit seinem säuerlichen Gejammer vor allem als ein Hinweis dafür, mit welchen raffinierten Methoden Vettori sich für Donato del Corno einsetzte. Nur in diesem Sinne ist auch Machiavellis Antwort wirklich zu verstehen, der seinem Freunde emphatisch antwortete: »Erlauchter Botschafter, es gibt nichts als Verrückte auf der Welt, und nur wenige, die diese Welt wirklich kennen. Nur die wissen, daß der, der sich nach anderen richtet, es zu nichts bringt, denn keine zwei Menschen sind der gleichen Ansicht. Wer tagsüber für weise gehalten wird, wird des Nachts nie für verrückt erklärt, und wer für einen ehrenwerten, wertvollen Menschen gehalten wird, dem wird das, was er zum angenehmen Leben tut, nicht zum Schaden, sondern als Ehre ausgelegt. Und statt ein Schwuler oder Hurenbock genannt zu werden, sagt man, er sei angenehm und gesellig. Und ein solcher, und das wissen die wenigsten, gibt auch von dem Seinen, und nimmt nicht, so wie der Most, wenn er gärt, von seinem Aroma an das Faß abgibt, aber umgekehrt nichts vom Moder des Fasses annimmt« (an F. Vettori 5. Jan. 1514). Trotz solcher weiser Ratschlüsse mußte Donato noch viele Jahre warten, bis er zu seinen geliehenen fünfhundert Dukaten und zu seiner Einbeutelung kam, und Machiavelli ebenfalls, bis er die versprochene Provision einstreichen konnte (vgl. Battista dell Palla an M., 26. April 1520).

Ein letztes vergebliches Mal

Die Zeit seiner Liebe zu Barbera, die Jahre seines blendenden Erfolgs als Komödienschreiber brachten Machiavelli schließlich, was er sich so lange ersehnt hatte: Sein Name kam wieder in den Wahlbeutel, und damit konnte er endlich wieder realistische Hoffnung auf ein öffentliches Amt hegen. Die ersten acht Bücher seiner ›Geschichte von Florenz‹ wurden nicht nur mit einer Audienz bei Papst Clemens VII. belohnt, Machiavelli erhielt auch noch ein Geschenk von einhundertzwanzig Dukaten, und schließlich die Verlängerung seines Vertrages samt Erhöhung der Bezahlung auf hundert Dukaten jährlich. Schließlich gewann er bei einem Aufenthalt in Venedig im Auftrag florentinischer Kaufleute sogar noch im Lotto. Endlich, mit sechsundfünfzig Jahren, war Machiavelli ein gemachter Mann. Nahezu übermütig signierte er jetzt als ›Historiker, Komödien- und Tragödiendichter‹. An Tragödien schrieb er freilich nur die ›Geschichte von Florenz‹. Die Tragödie Italiens und die Tragikomödie von Florenz waren es dann auch, die Machiavellis Erfolg und Wohlstand, kaum, daß er errungen war, ein Ende machten.

Machiavelli war sich schon 1525 mit seinem Freunde Guicciardini darin einig gewesen, daß in Italien nur noch eine Politik helfen konnte, die sich gegen die Übermacht Habsburgs richtete und die Notwendigkeit eines Krieges klar ins Auge faßte. Als der französische König – entgegen den Voraussagen Machiavellis – nach seiner Freilassung die in der Gefangenschaft gegebenen Versprechungen widerrufen hatte, schien dieser Weg dringender denn je. Nicht zuletzt aufgrund von Guicciardinis Vorstellungen beim Papst kam deshalb noch im selben Jahr die sogenannte Liga von Cognac zwischen dem Papst, Florenz, Genua, Venedig, sowie dem französischen und dem englischen König zustande (Mai 1526). Von nun an wurde, bevor irgendetwas Kriegsentscheidendes geschah, Italien ein Jahr lang zum Auf-

Blick auf Florenz
Kolorierte Stadtansicht von 1574

marschgebiet für die feindlichen Heere, die plündernd und wegen des chronischen Soldmangels immer wieder marodierend umeinander herummarschierten. Vom Süden kamen die spanischen, vom Norden die deutschen Landsknechtshaufen des Kaisers, dazwischen bewegten sich unschlüssig die Truppen der Liga unter dem geldgierigen, wortbrüchigen und hauptsächlich an seiner Gicht laborierenden Herzog von Urbino.

Da konnte und wollte Machiavelli seiner Behauptung nicht treu bleiben, die Schauspielerin Barbera liege ihm »viel mehr am Herzen als der Kaiser« (an F. Guicciardini, 15. März 1526). Als Beauftragter für den Festungsausbau seiner Heimatstadt und dann als ihr Sonderbeauftragter beim Heer der Liga stürzte er sich mit der ganzen unfreiwillig aufgestauten Energie der letzten Jahre ins Geschehen. Seine großartige Idee, eine nationale Miliz gegen den Feind aufzustellen, fand allerdings nicht nur bei dem ohnehin zögernden Papst keinen Gefallen. Auch Francesco Guicciardini, der als Generalleutnant die Operationen in der Romagna befehligte, hielt die Idee für den Augenblick nicht realisierbar. Auch er, der praktischere Kopf, hielt wenig vom Patriotismus seiner Landsleute. Verbittert resümierte Machiavelli den Verlauf dieses Jahres: »In diesem Jahr hat wirklich niemand etwas vorangebracht. Der Kaiser hätte sich kaum

schlechter verhalten können, denn er hat, obwohl er dazu in der Lage war, seinen Leuten keine Hilfe geschickt. Die Spanier hätten uns wohl schaden können, und haben es nicht getan. Wir hätten siegen können, und es ist uns nicht gelungen. Der Papst hat sich durch einen Federstrich fesseln lassen [die Unterschrift unter einen Waffenstillstand, der nach einem Überfall von den römischen Colonna und den Spaniern im September 1526 erzwungen wurde – F. H.], statt tausend Soldaten zu vertrauen, die nur auf seinen Wink warten. Nur die Sienesen [die die Lage genutzt hatten, um sich der florentinischen Herrschaft zu entledigen – F. H.] haben sich als tüchtig erwiesen, und es ist kein Wunder, wenn in verrückten Zeiten die Verrückten das Richtige tun« (an F. Guicciardini 5. Nov. 1526).

Das waren Zeiten, die in Florenz eine *mutazione* erwarten ließen. Nicht nur die Frechheit der kleinen Medicis und die ungeschickte harte Hand des mediceischen Sachwalters, des Kardinals Passerini, sondern auch die unerträglichen finanziellen Belastungen zur Finanzierung des Krieges ließen den Unmut steigen. Und wie immer in solchen Zeiten wütete die Pest in der Stadt. Einen ersten Tumult gab es bereits Ende April 1527. Weil die Medici und der Kardinal die Stadt zur Truppenbesichtigung verlassen hatten, glaubte man, sie seien geflohen, und unter dem Ruf »Volk und Freiheit« wurde der Palazzo della signoria gestürmt, und die Signoria sollte die Verbannung der Medici und die Wiederherstellung der Republik beschließen. Aber die Aufrührer hatten nicht einmal die Tore der Stadt geschlossen! Der Kardinal kehrte mit Artillerie und Soldaten zurück, besetzte die Stadt, die Tore wurden geschlossen und von jetzt an regierten die Medici in ihrer eigenen Stadt mit dem Belagerungszustand. Erst die Nachricht vom *sacco di Roma* und der Flucht des Papstes in die Engelsburg gab das Zeichen zum Aufstand. Vom zügellosen Wüten der Landsknechtshaufen im Dienste Kaiser Karls V. erfuhr man in Florenz erst nach fünf Tagen, am 11. Mai, und die Florentiner konnten nicht umhin, erleichtert aufzuatmen, denn wenn Rom geplündert wurde, blieb Florenz – vorläufig – verschont. Die *mutazione* ging nahezu reibungslos über die Bühne, denn die Medici und der Kardinal Passerini sahen schnell ein, daß jeder Widerstand sinnlos war. Diesmal aber war die neue alte Republik noch konsequenter als bei der Vertreibung der Medici 1494.

In einem gespenstischen Wiederholungszwang wurden nicht nur die verfassungsmäßigen Institutionen aus der Zeit nach der letzten Vertreibung der Medici 1494 wiedereingeführt, auch die fanatischen Predigten Savonarolas hallten – von Vorlesern rezitiert – im palazzo della signoria wieder. Schließlich ging man ein Jahr später sogar soweit, Jesus Christus »durch Beschluß von Rat und Volk der Stadt« zum *signore* der Stadt zu erklären.

Während die *mutazione* in Florenz über die Bühne ging, hetzte Machiavelli im Kirchenstaat hin und her, um nach der Katastrophe des *sacco di Roma* im Verein mit Francesco Guicciardini für die Sache der Liga zu retten, was zu retten war. Als er Ende Mai nach Florenz zurückkehrte, saß er wieder zwischen allen Stühlen und wieder, unbelehrbar, hoffte er darauf, daß seine Verdienste Anerkennung finden könnten. Er erlebte noch, daß auf die Stelle als Sekretär des Amtes der ›Zehn für die Freiheit und den Krieg‹, die er einst bekleidet hatte, der Mann gewählt wurde, der den entsprechenden Posten auch unter den Medici bekleidet hatte. Kurze Zeit später verfiel er in eine fiebrige Erkrankung und starb am 21. Juni 1527, wahrscheinlich an Bauchfellentzündung, im Alter von achtundfünfzig Jahren.

In der Stadt, die er »mehr als seine Seele« geliebt und für die er allen seinen theoretischen Einsichten zuwidergehandelt hatte, wurde er nur von wenigen beweint. Er konnte nicht mehr miterleben, daß seine Mitbürger endlich das taten, was er immer von ihnen erhofft und erwartet hatte: sie waren tapfer. Zehn lange Monate verteidigten sie die Stadt gegen die Truppen des Kaisers, mit dem sich der Medici-Papst inzwischen verständigt hatte, gegen Hunger und Pest. Aber Machiavelli mußte auch nicht mehr miterleben, wie seine besten Freunde, Francesco Vettori, Francesco Guicciardini, vor allem aber Filippo Strozzi dazu beitrugen, daß die Medici nach der Kapitulation der Stadt als Herzöge in die Republik Florenz heimkehrten. Es wurde ihnen schlecht gelohnt: Strozzi, der wegen seines Reichtums, seiner großen Familie und seiner zahlreichen Freunde den Medici schnell lästig wurde, beging nach einem gescheiterten militärischen Aufstandsversuch Selbstmord. Francesco Guicciardini zog sich in eines seiner Landhäuser zurück und schrieb eine Geschichte Italiens, die mit dem Tode Lorenzos des Prächtigen dort beginnt, wo die seines verstorbenen Freundes Machiavelli aufhört. Francesco Vettori zog sich krank und verbittert in seinen palazzo zurück und ließ sich nicht mehr auf der Straße blicken. Dazu gab es auch keinen Grund mehr, wußte er doch zu gut, daß er mit der Verfassung der Republik, die eigentlich schon lange tot war, vor allem auch den Lebens- und Umgangsstil einer ganzen Epoche zu Grabe getragen hatte.

Frühestes Portrait Machiavellis

Editorische Nachbemerkung

Einige der hier vollständig oder in Ausschnitten wiedergegebenen Briefe wurden für dieses Buch zum ersten Mal ins Deutsche übertragen. Auch die Übersetzungen aller übrigen Briefe wurden, soweit vorhanden, vollständig überarbeitet. Für die Übersetzung wurde die italienische Ausgabe des Briefwechsels von Machiavelli herangezogen, herausgegeben von Franco Gaeta, Milano 1961. An deutschen Übersetzungen wurden herangezogen die Ausgabe von Heinrich Leo, Berlin 1826, und Band 5 der Werkausgabe von Hanns Floerke, München 1925. Die Ausgabe von Leo ist unvollständig und lückenhaft, was sich mit dem frühen Erscheinungsdatum erklären läßt. Aber das gilt auch für die Ausgabe von Floerke, die darüberhinaus zahllose, manchmal sinnentstellende Übersetzungsmängel aufweist.

Friederike Hausmann

Anmerkungen und bibliographische Hinweise

Für eine Auswahl aus der Fülle der Literatur zu Machiavelli verweise ich auf die sehr gute neu bearbeitete Bibliographie (bis 1985) bei: E. Barincou, *Niccolò Machiavelli*, Reinbek/Hamburg ²1985, und: H. Münkler, *Machiavelli, Die Begründung des politischen Denkens der Neuzeit aus der Krise der Republik Florenz*, Frankfurt/M 1984.

1 Voltaire, *Le siècle de Louis XIV*. Vgl. H. Münkler, *Machiavelli, Die Begründung des politischen Denkens der Neuzeit aus der Krise der Republik Florenz*, Frankfurt/M 1984, S. 214.
2 N. Machiavelli, *Istorie fiorentine*, VIII, 36.
3 L. Batkin, *Die italienische Renaissance*, Basel, Frankfurt/M 1981, S. 198. Zu den Briefen allgemein: K. Th. Butler, ›The gentlest art‹ in Renaissance Italy 1459-1600, Cambridge 1954.
4 Zur Chiffrierung in pappafico: O. Tommasini, *La vita e gli scritti di Niccolò Machiavelli nella loro relazione col machiavellismo*, Roma, Torino, Firenze 1883/1911, Bd. 1, S. 632. Ein Beispiel für Chiffrierung durch Anspielungen und Bilder ist Machiavellis Brief an den gestürzten Piero Soderini in Ragusa, die sogenannten »Ghiribizzi«, geschrieben zwischen September 1512 und März 1513. Eine Deutung dieses rätselhaften Briefes gibt: G. Sasso, *Niccolò Machiavelli, Storia del suo pensiero politico*, Napoli 1958, S. 184-195, Dt.: N. Machiavelli, *Geschichte seines politischen Denkens*, Stuttgart 1965.
5 L. Batkin, a.a.O., S. 202.
6 Ebd., S. 204.
7 Vgl. hier und zum folgenden: D. Weinstein, *The Myth of Florence*, in N. Rubinstein (Hg.), *Florentine Studies*, London 1968, S. 15 ff.
8 Ebd., S. 19.
9 Vgl. zur Interpretation dieses Briefes: L. Russo, *Machiavelli*, Bari ⁴1957, S. 1 ff. und A. Gramsci, *Note sul Machiavelli, sulla politica e sullo stato moderno*, Turin 1949, S. 39/40.
10 Revolution z. B.: L. Passy, *Un ami de Machiavel. François Vettori, sa vie et ses oeuvres* (1474-1539), Paris 1913/14, Bd. 1, S. 319; Umsturz: P. Larivaille, *La vita quotidiana in Italia ai tempi di Machiavelli*, Mailand 1984, S. 58, vgl. auch Tommasini, a.a.O., Bd. II, S. 889.
11 Die tatsächliche Kompetenzverteilung der zwei Kanzleien und der »Dieci« ist nicht zu klären, vgl. R. Ridolfi, *Vita di Niccolò Machiavelli*, Rom 1954, S. 31.
12 O. Tommasini, a.a.O., Bd. 1, S. 274.
13 E. Barincou, *Niccolò Machiavelli*, Reinbek, Hamburg, ²1958, S. 54.
14 O. Tommasini, a.a.O., Bd. 1, S. 587.
15 P. Villari, *Niccolò Machiavelli e i suoi tempi*, 3 Bde. Florenz 1877-1882; Dt.: *Niccolò Machiavelli und seine Zeit*, Leipzig 1877/83, Bd. 2, S. 161.
16 Ebd., S. 168.
17 G. Capponi, *Storia della repubblica di Firenze*, Florenz 1930, Bd. 2, S. 311.
18 J. R. Hale, *Firenze e i Medici, Storia di una città e di una famiglia*, Mailand 1980, S. 122; anders: G. Capponi, a.a.O., S. 317; vgl. auch den Brief Machiavellis an Francesco Vettori, Februar/März 1514, der Lorenzo so beschreibt, daß »jeder in ihm die glückliche Erinnerung an seinen Großvater zu erkennen beginnt.«
19 P. Villari, a.a.O., Bd. 2, S. 460. Die Briefe sind dort merkwürdigerweise auf 1514 datiert, vgl. dazu: L. Landucci, *Ein Florentinisches Tagebuch 1450-1516*,

nebst einer anonymen Fortsetzung 1516-1542, übers. und eing. von M. Herzfeld, Jena 1913, Bd. 2, S. 241 Anm.
20 Z. B. N. Rubinstein, *Florentine Constitutionalism and Medici Ascendancy in the 15th Century*, in: N. Rubinstein, a.a.O., S. 442 ff.; vgl. auch: Ders., *The Government of Florence under the Medici (1434-1494)*, Oxford 1949, wo die Ausnutzung dieser Unklarheiten durch die Medici beschrieben wird.
20a In Siena ist bei der Vorbereitung des *Palio* die Tradition der Stadtviertel, die dort *contrade* heißen, noch ganz lebendig.
21 Zum florentinischen Wahlrecht: H. Münkler, a.a.O., S. 236, P. Larivaille, a.a.O., S. 235. In Großbritannien konnten 1880 8,8%, in Italien 2%, im Deutschen Reich 20,6% der Bevölkerung wählen; vgl. L. Graziano, *Clientelismo e sistemapolitico, il caso dell'Italia*, Mailand 1984, S. 94.
22 N. Rubinstein, *The Government of Florence*, a.a.O., S. 57.
23 W. Waetzoldt, *Niccolò Machiavelli*, München 1943, zit. n. A. A. Strnad, *Niccolò Machiavelli, Politik als Leidenschaft*, Göttingen, Zürich 1984, S. 74; Schon die »Renovatio« der Republik von 1494-1512 sieht z. B. Z. Münkler, a.a.O., S. 234 ff., als gescheitert an.
24 R. Davidsohn, *Geschichte von Florenz*, 4 Bde. Berlin 1896/1927, Bd. VI, 1, S. 325.
25 Francesco Soderini als »guter Geistlicher«: O. Tommasini, a.a.O., Bd. 1, S. 170; als »uomo doppio«: A. A. Strnad, a.a.O., S. 28.
26 J. R. Hale, a.a.O., S. 104. Die Beschreibung stammt von Vasari.
26a O. Tommasini, Bd. 1, S. 242.
27 P. Ardinghelli an Giuliano de' Medici, 15. August 1515, in: O. Tommasini, a.a.O., Bd. 2, S. 1064. Dieser Rat gibt sich als Auftrag des Kardinals Giulio de' Medici.
28 Vgl. hier und zum Folgenden: P. Ugolini, *Il podere nell' economia rurale italiana*, in: *Storia d'Italia*, Einaudi, Annali, Bd. 1, *Dal feudalesimo al capitalismo*, S. 755/56 ff. Zu dem umstrittenen Problem der »Refeudalisierung«: R. Romano, *Tra due crisi: l'Italia del Rinascimento*, Turin 1971, S. 54 ff.; G. Quazza, *La decadenza italiana nella storia europea*, Turin 1971, S. 52-85; G. Luzzatto, *Per una storia economica d'Italia*, Bari 1957, S. 80 ff.
29 R. Romano, A. Tenenti, *Il Rinascimento e la Riforma*, Turin 1972, 2. Bd., S. 92.
30 P. Ugolini, a.a.O., S. 762; Vgl. auch E. Sereni, *Agricoltura e mondo rurale*, in: *Storia d'Italia*, Einaudi, Bd. 1, I carateri originali, S. 198; Zur Bewertung der mezzadria allgemein: Ders. *Storia del paesaggio agrario italiano*, Bari 1958, S. 108 ff.
31 P. Ugolini, a.a.O., S. 779.
32 L. Batkin, a.a.O., S. 779.
32 L. Batkin, a.a.O., S. 196.
33 Ebd., S. 325/6.
34 J. Lucas-Dubreton, *La vita quotidiana a Firenze ai tempi dei Medici*, Mailand 1985, S. 74 und 86; Dt.: *So lebten die Florentiner zur Zeit der Medici*, Stuttgart 1961.
35 In diesem Sinne beschreibt I. Origo, *Im Namen Gottes und des Geschäfts*, München 1985, die famiglia des pratesischen Kaufmanns Francesco di Marco Datini (1335-1410). Ein Jahrhundert vor Machiavelli ist es »trotz aller Gewalt, Habgier und sozialen Ungerechtigkeit... eine merkwürdig unschuldige Welt, und zwar insofern als sie ohne List und Tücke ist, so wie grausame Streiche von Kindern.« (S. 15) Diese Unschuld war hundert Jahre später verschwunden: Für Machiavelli und seine Zeigenossen lauerte noch hinter dem scheinbar Unschuldigsten Gefahr, List und Tücke.

36 L. B. Alberti, *Vom Hauswesen*, übers. v. W. Kraus, München 1986.
37 Die Kinder Machiavellis waren Bernardo, Ludovico, Guido, Piero, Baccina und Totto. Bernardo wurde am 8. November 1503 geboren. Zwei Kinder, davon die erstgeborene Tochter Primavera, starben als kleine Kinder. Vgl. R. Ridolfi, a.a.O., passim.
38 Ch. de La Roncière, *La vita privata dei notabili toscani*, in: Ph. Ariès, G. Duby, *La vita privata dal feudalesimo al rinascimento*, Rom, Bari 1987, S. 134 ff. Auch zum Folgenden.
39 Ein Dukaten war der Florin im ursprünglichen Feingehalt von 24 Karat Gold und 3,537 gr., wie er seit 1252 in Florenz geprägt wurde. Er trug die florentinische Lilie und das Bild Johannes des Täufers als Prägung und war eine international gültige Währung. Dieser Dukaten war 7 Lire wert, eine Lira 20 soldi oder 60 quattrini. Im Umlauf waren aber gewöhnlich minderwertige Florin, die fiorini larghi, fiorini di camera oder fiorini di suggello, letztere bloß zu 4 Lire das Stück, in denen Machiavelli als Sekretär der Republik bezahlt wurde. Vgl. J. Lucas-Dubreton, a.a.O., S. 123. Vgl. auch allgemein: C. M. Cipolla, *Le avventure della lira*, Mailand 1958.
40 F. Guicciardini, *Ricordi*, Mailand 1951, S. 25. Zu F. Guicciardini: R. Ridolfi, *Vita di Francesco Guicciardini*, Rom 1960.
41 Ch. de La Roncière, a.a.O., S. 243.
42 L. Landucci, a.a.O., S. 256 Anm.
43 »Cazzus!«, an F. Guicciardini, 19. Mai 1521. Cazzo heißt der Schwanz. Auch im heutigen Italienisch sind Flüche und Vulgärausdrücke sexuell getönt, im Deutschen dagegen anal.
44 R. Ridolfi, *Vita di N. Machiavelli*, a.a.O., S. 292.
45 O. Tommasini, a.a.O., Bd. 2, S. 446.
46 J. R. Hale, a.a.O., S. 108.
47 An F. Vettori, 18. März 1513. Vgl. auch O. Tommasini, a.a.O., Bd. 1, S. 85, dort auch ein Karnevalsgedicht über die cicale.
48 1494 wurde Piero mit den becche bedroht, vgl. O. Tommasini, a.a.O., Bd. 1, S. 528. Die Republikaner hießen auch die Partei der foggiettini nach der foggia, dem Streifen über die linke Backe. Ebd. S. 125. L. Pitti schrieb eine Verteidigung für die Republik mit dem Titel: »Apologia dei cappucci.«
49 An F. Vettori, 5. Jan. 1513, und F. Vettori an M. 9. Februar 1514: »... Filippo ist genau das passiert, wovor er mich gewarnt hat [nämlich, sich aussichtslos zu verlieben – F. H.]. Aber bei ihm ist es ein Goldschmied, der nach seinem Urteil nicht seinesgleichen hat. Er ist freilich für den Wirt ›reserviert‹, d. h. für den Goldschmiedemeister. Dennoch ist Filippo herumgeschlichen und hat einen Durchschlupf gesucht. Ich, der ich die Römer kenne, habe ihn zu warnen gesucht, aber vergebens, bis der Meister ihm Schläge angedroht hat, nicht bloß wenn er, ganz verängstigt, den Jungen anschaut, sondern wenn er bloß dort vorbeikäme, wo der Laden ist...«
50 P. Antonetti, *La vita quotidiana a Firenze ai tempi di Dante*, Mailand 1983, S. 153.
51 Niccolò Machiavelli, *Opere*, Italia 1813, Bd. 5, S. 51.
52 G. Vasari, *Le vite de' più eccellenti pittori, scultori e architettori nelle redazioni del 1550 e 1568*, hg. v. R. Bettarini, o. J., ›Vita di Giovan Francesco Rustichi‹, S. 481.
53 L. Landucci, a.a.O., S. 256, Bei der Nachricht von der Wahl Leos X. wurde in Florenz einfach alles, was brennbar war, zu Freudenfeuern zusammengetragen. In den Tagen danach wurde mit Raketen, Schwärmern und Feuerrädern nicht gespart.
54 Die Schilderung solcher Festtage nehmen viel Raum in den Tagebüchern ein,

die zu den typischen Gewohnheiten der Florentiner gehören. Neben dem mehrfach zitierten Tagebuch von Luca Landucci ist das Tagebuch des Kesselschmiedes Bartolomeo Nasi erhalten. Zu diesem Thema z. B.: B. Nasi, *Ricordanze dal 1478 al 1526*, Florenz 1906, S. 204 ff.

55 O. Tommasini, a.a.O., Bd. 2, S. 63. Die Namen beziehen sich auf den Wappenspruch der jeweiligen Väter. Giuliano war Sohn Lorenzos des Prächtigen. Lorenzo Sohn von Piero.

56 Barbogeria. Barbogio ist ein kindischer Alter.

57 Das berühmte »Quant' è bella giovinezza...« hat das traurige Schicksal gehabt, von den Faschisten zu einer Art Hymne erkoren worden zu sein.

57a G. D. Bonino in N. Machiavelli, *Mandrogola*, Turin, 1980, S. VII.

58 G. Vasari, a.a.O., S. 485.

59 P. Villari, a.a.O., Bd. 3, S. 145.

60 R. Ridolfi, a.a.O., S. 458, Strnad, a.a.O., S. 106 nennt Falconetti einen Bäcker (das hieße fornaio) und läßt seine Verbannung 1525 beginnen!

61 Filippo de Nerli an Francesco del Nero, 1. März 1525, in: P. Villari, a.a.O., Bd. 3, S. 366/67.

62 J. Burckhardt z. B. stellt sie ganz in den Vordergrund, in: *Die Kultur der Renaissance in Italien*, Köln 1956, S. 196 ff. Vgl. dagegen: P. Larivaille, *La vita quotidiana delle cortigiane nell'Italia del rinascimento*, Mailand 1983, S. 30.

63 L. Landucci, a.a.O., S. 301.

64 J. Lucas-Dubreton, a.a.O., S. 273.

65 Vgl. F. de Nerli an M., 6. September 1525. Der immer etwas bösartige Filippo de Nerli schreibt dort offensichtlich über den letztgeborenen Sohn Machiavellis: »Die Zahl Eurer männlichen Söhne kenne ich nicht, ob sie sive de ancilla et de libera (von einer Magd oder einer Freien) oder von Eurer Konkubine sind, überlaß ich ganz Euch. Wenn ich rechtzeitig davon benachrichtigt worden wäre, von Euch oder von anderen, hätte ich mich über diese Nachricht gefreut. Es soll Euch Glück bringen...«

66 P. Larivaille, *La vita quotidiana delle cortigiane*, a.a.O., S. 40.

67 L. Passy, a.a.O., Bd. 1, S. 357. Zu Tullia d'Aragona: G. Masson, *Kurtisanen der Renaissance*, Tübingen 1975, S. 142 ff.

68 R. Ridolfi, *Vita di N. Machiavelli*, a.a.O., S. 459.

Zeittafel

1293	Ordinamenti di Giustizia. Festlegung der republikanischen Verfassung, Ausschluß des Adels, Koalitionsverbot für die unteren Schichten.
1378-82	Tumult der Ciompi. Salvestro de' Medici, 1378 Gonfaloniere di giustizia, unterstützt das Volk in seinen Forderungen. Ergebnis: beschränkte politische Mitwirkung der ›arti minori‹.
1389-1464	*Cosimo de' Medici, gen. der Alte.*
1434	*Cosimo kehrt nach einjährigem Exil nach Florenz zurück. Sieg der Medici über die Partei der Albizzi.*
1449-92	*Lorenzo der Prächtige.*
1469	*3. Mai. Niccolò Machiavelli als erster Sohn des Rechtsgelehrten Bernardo Machiavelli geboren.*
1478	*Verschwörung der Familie Pazzi, bei der der Bruder Lorenzos des Prächtigen, Giuliano (1453-78), ums Leben kommt.*
1483-98	Karl VIII. wird König von Frankreich. Mit seinem Kampf für die Rechte des Hauses Anjou auf Neapel beginnen die Auseinandersetzungen zwischen Frankreich und Habsburg.
1492-1503	Papst Alexander VI. (Borgia).
1492	*Nach dem Tod Lorenzos des Prächtigen folgt dessen Sohn Piero, gen. lo Sfortunato, der 1503 nach der Schlacht am Garigliano ertrinkt.*
1493-1519	König, ab 1508 Kaiser: Maximilian I. (Habsburg).
1494	Italienfeldzug Karls VIII. zur Eroberung Neapels, Einnahme Neapels. *Piero de' Medici wird aus Florenz vertrieben. Einführung einer neuen Verfassung unter der Führung Gerolamo Savonarolas.*
1495	Abschluß einer Heiligen Liga zwischen Papst, König Maximilian, Mailand, Spanien und Venedig zur Rückeroberung Neapels. Karl muß sich nach Frankreich zurückziehen, Neapel behält seine Selbstständigkeit nur noch dem Scheine nach.
1498-1515	Ludwig XII. wird König von Frankreich. Mit seinem Anspruch auf Mailand beginnt der Kampf um Italien aufs Neue.

1498	23. Mai. Savonarola wird verbrannt.
14. Juli. Machiavelli wird Sekretär der Behörde der ›Zehn der Freiheit‹.
1499	Erste Gesandtschaften Machiavellis zu Jacopo d'Appiano, dem Herrn von Piombino, und zu Caterina Sforza Riario (1463-1509), Herrin von Imola und Forlí. Erste politische Denkschrift Machiavellis ›Discorso sopra Pisa‹.
Beginn der 10-jährigen Belagerung Pisas, das 1494 die florentinische Herrschaft abgeschüttelt hat.
1500	Der Kapitulation des Herzogs Ludovico Moro von Mailand folgt die Annexion Mailands durch Frankreich.
Machiavelli als Gesandter am französischen Hof.
1501	Erneuter Angriff auf Neapel, vom Norden durch ein päpstlich-französisches, vom Süden durch ein spanisches Heer.
1502	In Florenz wird das Amt des Gonfaloniere di giustizia auf Lebenszeit verlängert. Wahl Piero Soderinis.
Machiavelli heiratet Marietta Corsini, mit der er 6 Kinder haben wird.
Gesandtschaft Machiavellis zu Cesare Borgia, dem natürlichen Sohn des Papstes.
1503	Zweite Gesandtschaft Machiavellis zu Cesare Borgia, Gesandtschaft zum Papst.
1503-13	Papst Julius II. (della Rovere).
1503	Sieg der Spanier am Garigliano in Mittelitalien.
1504	Waffenstillstand von Lyon. Neapel wird als Vizekönigreich Spanien unterstellt. Frankreich behält die Kontrolle über Mailand.
Machiavellis ›Dezennalen I‹ (1494-1504) erscheinen.
1506	Einrichtung der florentinischen Miliz, deren Sekretär Machiavelli wird.
Gesandtschaft Machiavellis zu Julius II.
1507	Gesandtschaft Machiavellis zu König Maximilian.
1508	Liga von Cambrai zwischen Kaiser Maximilian, Ludwig XII. und dem Papst u. a. gegen Venedig, dessen Terra ferma aufgeteilt werden soll.
1509	Niederlage Venedigs bei Agnadello.
Einnahme Pisas durch Florenz, Jubel um Machiavelli.
Arbeit an den ›Dezennalen II‹ (1504-509).

1511	Heiliger Bund. Nach dem Friedensschluß mit Venedig verbündet sich der Papst mit Spanien und Venedig, um die französische Herrschaft in Mailand zu stürzen. Von den Schweizern läßt er sich für fünf Jahre militärische Hilfe garantieren. *Gesandtschaft Machiavellis ins Herzogtum Mailand und nach Frankreich.*
1512	11. April. Schlacht bei Ravenna. Blutige Niederlage des Heiligen Bundes. August. Kongreß von Mantua (Kaiser, Spanien, Venedig, Schweizer). In Mailand soll der Sohn des Ludovico Moro, Massimiliano Sforza, Herzog werden, in Florenz die Medici wieder eingesetzt werden. Durch das Eingreifen der schweizerischen Truppen im Dienste des Papstes müssen sich die Franzosen zurückziehen. *September. Belagerung und Einnahme Pratos durch schweizerische und italienische Söldnertruppen.* *Sturz Soderinis und Rückkehr der Medici.* *7. November. Machiavelli seiner Ämter enthoben.*
1513	Papst Leo X. (Giovanni de' Medici, Sohn Lorenzos des Prächtigen).
1513	*Februar. Aufdeckung eines Attentatsplans gegen Giovanni de' Medici. In den Kreis der Verdächtigen gerät auch Machiavelli, der ins Gefängnis muß.* *Nach zwei Monaten Gefängnisaufenthalt zieht sich Machiavelli nach S. Andrea in Percussina zurück, schreibt sein bekanntestes Werk, den ›Fürsten‹, gleichzeitig arbeitet er an den ›Abhandlungen über die erste Dekade des Livius‹, den ›Discorsi‹.*
1514/16	*Machiavellis ›Dialog über die Sprache‹.*
1515-47	Franz I. wird König von Frankreich. Er führt insgesamt vier Kriege um Italien.
1515	Schlacht bei Marignano, in der die Schweizer durch ein französisch-venezianisches Heer geschlagen werden. Leo X. und die übrigen Verbündeten erkennen die französische Oberherrschaft in Oberitalien an.
1516	*Tod Giuliano de' Medicis, Herzog von Nemours, dritter Sohn des Lorenzo des Prächtigen. Seine Stelle als Herr von Florenz nimmt Lorenzo, Sohn von Piero, lo Sfortunato, ein.*

1516/18	*Machiavelli gewinnt Zugang zu den »Orti oricellari«.*
1517	*Machiavellis ›Mandragola‹ entsteht.*
1519-56	Kaiser Karl V. Seit 1516 König der vereinigten spanischen Königreiche.
1519	*Tod Lorenzos, Herzog von Urbino. In Florenz tritt an seine Stelle Kardinal Giulio (1478-1534), der illegitime Sohn des Bruders von Lorenzo dem Prächtigen.*
1520	*Machiavelli schreibt das »Leben Castruccio Castracanis«, die ›Kriegskunst‹. Er erhält von Kardinal Giulio de' Medici den Auftrag, eine Geschichte von Florenz zu schreiben. Großer Erfolg der ›Mandragola‹.*
1521	*Machiavelli in Carpi bei Modena beim Generalkapitel der Franziskaner.* Päpstlich-kaiserliche Offensivallianz zur Vertreibung der Franzosen aus Mailand und Genua.
1522	Juni. Verschwörung gegen Giulio de' Medici durch Freunde Machiavellis aus dem Kreis der Orti oricellari. *Machiavellis Denkschrift über die Reform des Staates für den Kardinal Giulio de' Medici.*
1522-23	Papst Hadrian VI. (Utrecht).
1523-34	Papst Clemens VII. (Giulio de' Medici).
1523	*In Florenz treten an die Stelle Giulios die beiden unmündigen Bastarde Alessandro (1510-37) und Ippolito (1511-35), unter der Vormundschaft des Kardinals Passerini.*
1524	*Machiavelli schreibt die ›Clizia‹, die am 13. Januar 1525 uraufgeführt wird.*
1525	24. Februar. Sieg der kaiserlichen Truppen, Gefangennahme Franz I. *Ende Mai, Machiavelli besucht den Papst, um ihm seine ›Geschichte von Florenz‹ zu präsentieren, er erhält 120 Dukaten als Geschenk, später wird auch sein Gehalt für die Geschichtsschreibung auf 100 Dukaten verdoppelt.* *August. Machiavelli wird durch die ›Einbeutelung‹ wieder zu politischen Ämtern zugelassen.* *August/September. Machiavelli im Auftrag florentinischer Kaufleute in Venedig.*
1526	Januar. Friede von Madrid, den der gefangene Franz I. nach seiner Freilassung für nichtig erklärt.

April. Machiavelli wird Sekretär des ›Rates der Aufseher über die Befestigungsarbeiten‹.
Mai. Heilige Liga von Cognac zwischen Clemens VII., Frankreich, Florenz, Mailand und Venedig gegen Karl V.
Juni. Machiavelli als Gesandter beim Heer der Liga.
September. Clemens VII. wird durch den Spanier Ugo von Moncada und die römischen Colonna gefangengenommen und läßt sich einen Waffenstillstand abringen.

1527 *22. April. Machiavelli zurück in Florenz.*
26. April. ›Freitagstumult‹ gegen die Medici.
6. Mai. ›Sacco di Roma‹. Dreitägige Plünderung Roms durch kaiserliche Söldnertruppen, die eigenmächtig auf Rom marschiert sind.
Juni. Vertreibung der Medici. Wiederherstellung der republikanischen Einrichtungen.
21. Juni. Tod Niccolò Machiavellis, vermutlich an einer Bauchfellentzündung.

1528 Der Übertritt des Genuesen Andrea Doria auf die kaiserliche Seite bringt den Umschwung zuungunsten Karls V.

1529 Juni. Vertrag von Barcelona. Clemens VII. erhält von Karl V. Florenz für seine Familie zugesagt.

1530 *August. Florenz kapituliert nach 10-monatiger Belagerung.*
Glanzvolle Krönung Karls V. in Bologna durch Clemens VII.

1531 *Die »Abhandlungen über die erste Dekade des Livius« erscheinen postum.*

1532 *Der »Fürst« im Druck erschienen.*
Alessandro de' Medici wird Herzog in Florenz. Abschaffung der Signoria und der republikanischen Räte.

1537 *Alessandro de' Medici wird ermordet. Cosimo I., der Sohn des Giovanni delle Bande nere aus einer Seitenlinie der Medici, wird Großherzog der Toskana.*

1547-1559 Heinrich II. König von Frankreich, seit 1553 verheiratet mit Caterina de' Medici (1519-89), Tochter von Lorenzo, Herzog von Urbino. Neues Aufleben der Kämpfe um Italien.

1559 April. Friede von Cateau-Cambrésis. Nach der Abdankung Karls V. zwischen Philip II. und Heinrich I. Erhaltung der Vielstaatlichkeit Italiens, das aber fest in spanischer Hand bleibt. Frankreich scheidet aus der italienischen Politik aus. Italien spielt in der europäischen Politik bis zum Beginn des 18. Jahrhunderts keine Rolle mehr.